속 편한 심리학

"SHIROKUMA NO KOTODAKEHA KANGAERUNA! JINSEI GA KYUNI OMOSHIROKUNARU SHINRIJUTSU"
© 2008 Rie Ueki
All Rights Reserved.
Original Japanese edition published by Magazine House Co., Ltd., Tokyo.
This Korean language edition published by arrangement with Magazine House Co., Ltd., Tokyo in care of Tuttle-Mori Agency, Inc., Tokyo, through Imprima Korea Agency, Seoul.

이 책의 한국어판 출판권은 Tuttle-Mori Agency, Inc., Tokyo 와 Imprima Korea Agency를 통해 Magazine House Co., Ltd., Tokyo.와의 독점계약으로 생각지도에 있습니다. 저작권법에 의해 한국 내에서 보호를 받는 저작물이므로 무단전재와 무단복제를 금합니다.

하루에도 몇 번씩
마음 뒤숭숭한
사람들을 위한

속 편한 심리학

우에키 리에 지음 | 서수지 옮김

생각지도

인생이 조금 더 가벼워지고 싶다면

'그런 일은 이제 지긋지긋해. 제발 좀 잊고 싶어.'
'뒤돌아보지 않을 거야. 이제 진짜 새사람으로 살 거야.'

이렇게 다짐하면 그 순간만큼은 마음이 편해진다. 그런데 웬걸, 지긋지긋한 기억은 오히려 더 선명하게 되살아나고 마음은 이내 뒤숭숭해진다. 결심을 반복할수록 미련스러운 집착이 마음속을 떠나지 않는다. 그런 일은 많든 적든 누구에게나 일어난다. 인생은 조금 더 가볍고 유쾌해야 하건만, 안 좋은 기억은 왜 이렇게 끈질기게 자리를 틀고

앉아 마음을 어지럽히는 걸까?

　인간의 뇌는 정말이지 청개구리 같다. 기억하고 싶은 일은 좀처럼 떠오르지 않으면서 떨쳐내고 싶은 일은 도무지 잊히지 않는다. 우리 뇌는 왜 이다지도 고집불통일까? 신은 왜 인간을 이렇게 만들었을까?

　살다 보면 문득 깨닫게 된다. 행복해지기 위해 아등바등 애쓰는 사람보다 자기 자신에게 조금 더 관대하게, 적당히 살아가는 사람이 오히려 인생을 훨씬 더 잘 살아간다는 사실을. 게다가 그런 사람일수록 결국엔 정말 뜻밖의 행복을 거머쥐곤 한다.

　나는 심리 상담을 통해 많은 사람들과 만나면서 이 아이러니한 진실을 어렴풋이 체감했다. 그리고 확신하게 되었다. '진짜 행복은 행복해지려고 애쓰는 순간 멀어진다'는 것을. 그러나 이 역설을 쉽게 받아들이기는 어렵다. 어쩐지 불공평하다는 생각이 들기도 한다. 혹시 나는 지금까지 잘못된 방식으로 노력해온 건 아닐까? 그렇다면 왠지 허무한데…….

　이런 투덜거림에 조금이라도 공감하는 사람이라면 이 책을 꼭 끝까지 읽어보길 바란다. 이 책은 바로 그런 사람들을 위한 심리학 책이다. 머릿속이 뒤숭숭하고 마음이 복잡할수록 명쾌한 결론이 간절해지기 마련이니까 말이다.

내 마음을 어떻게 다뤄야 하는지, 사람들과는 어떻게 어울려야 덜 지치고 덜 상처를 주고받으면서 서로 편안해질 수 있을지, 나는 왜 늘 같은 패턴을 반복하는지, 이 모든 물음에 과학적이고도 간결한 해답을 주는 분야가 있다. 바로 '인지심리학'과 '기억심리학'이다.

나는 이 두 학문이 하루에도 몇 번씩 마음 뒤숭숭해지는 사람들에게 가장 빠르게 실마리를 건넬 수 있다고 굳게 믿는다. 이 책은 두 학문의 방대한 데이터를 바탕으로, 독자 여러분의 인생이 조금 더 가벼워지고, 조금 더 즐겁고, 조금 더 풍요로워질 수 있도록 요점만 간추려 정리했다. 복잡한 이론보다 지금 당장 적용 가능한 심리학 원리와 실용적인 조언을 담으려 했다.

일본에서는 큰 주목을 받지 못했지만 미국에서는 일명 '백곰 실험'이라 불리는 인지 및 기억 연구가 한동안 활발히 진행되었다. "백곰을 절대 떠올리지 마세요"라고 말하면 사람들은 오히려 '백곰' 생각에 사로잡힌다. 무언가를 떠올리지 않으려는 노력이 생각을 더 불러오는 아이러니. 쉽게 말하자면 무언가를 잘해보려고 지나치게 애쓰다 보면 되레 실패 확률이 높아진다는 것이다.

이런 청개구리 같은 현상을 심리학자들은 '사고 통제의 역설ironic process theory'이라 부른다. 신중하게 처리하려 한 일이 오히려 일을 그르치게 만들고, 힘들여 억누르려 한 일이 고통스러운 부메랑이 되어 돌아오는 심리 작용이다. 그래서 요즘 심리학에서는 말한다. 무리해서 억지로 심리 트레이닝이나 자기계발 같은 단련을 하려 들면 오히려 역효과가 날 수 있다고. 그보다는 차라리 마음속에 숨어 있는 '백곰'의 존재를 인정하고 그 불편함과 함께 살아가는 지혜를 터득하는 편이 낫다고.

이 분야의 개척자이자 내가 존경하는 심리학자 대니얼 웨그너Daniel M. Wegner는 한 학회에서 이런 이야기를 했다.

"사람은 생각하지 않겠다는 생각을 하지 않을 수 없다."

나는 이 말이야말로 인간의 본질을 정확하게 꿰뚫은 통찰이라고 생각한다.

이 책의 목적은 단 하나다. 마음이 복잡할 때, 쓸데없는 자기 검열과 무리한 자기계발에서 벗어나 조금 더 속 편하고 가벼운 인생으로 독자를 안내하는 것.

우리는 종종 심리학적 진실과는 정반대의 방식으로 애

쓰며 살아간다. 그러다 보니 노력할수록 더 지치고, 열심일수록 더 혼란스러워지는 경우가 적지 않다. 하지만 생각보다 단순한 진실을 알게 되면, 이러한 쓸데없는 힘들이기는 한결 줄어들 것이다. 그리고 불필요한 고민과 불안도 어느새 눈 녹듯 스르르 사라질 것이다.

그러니 부디 속는 셈치고 이 책의 내용을 실행해보길 바란다. 책을 다 읽고 나면 아마 이런 변화를 느끼게 될 것이다. 억눌렸던 마음이 조금씩 풀리고, 현명한 사고방식을 익히며, 자기 생각을 더 너그러이 받아들이게 되고, 관계에서 덜 휘둘리며, 무엇보다 한결 홀가분해진 마음으로 자기 일상의 많은 일들을 헤쳐 나갈 수 있을 것이다.

세상을 바라보는 방식은 분명 바꿀 수 있다. 그리고 이 방식이 바뀌면 인생의 색조도 달라진다. 단지 회색빛이라고 느껴졌던 삶도 어느 순간 오렌지빛으로 물들고 파란 하늘처럼 청량해질 수 있다. 이 책이 그런 변화의 시작이 되기를. 그리고 여러분의 하루가 지금보다 더욱 편안하고, 유쾌하고, 산뜻해지기를. 그것이 이 책을 통해 여러분께 전하고 싶은 나의 진심 어린 바람이다.

머리말
인생이 조금 더 가벼워지고 싶다면 ······················ 5

1장
억지로 잊으려 애쓰지 않아도 마음 편해지는 심리 기술

생각하지 않으려 애쓸수록 사고가 더 활성화된다
백곰 실험과 트라우마 ····························· 17

안절부절 못할 때 신속하게 패닉 상황에서 빠져나오는 법
회피적 통제 끊어내기 ····························· 27

실연한 밤에 듣는 〈댄싱 퀸〉은 〈글루미 선데이〉보다 우울하다
감정 불일치 효과 ································ 39

왜 복권은 남에게 부탁하지 않고 직접 사러 갈까
통제 착각과 대수의 법칙 ··························· 46

행복과 불안은 언제나 짝을 이루고 있다
추락 공포 ······································ 55

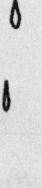

2장
'쩨쩨한 뇌'와 '심술 굳은 뇌'에 속지 않는 심리 기술

왜 상사는 자신의 험담만 쏙쏙 골라 들을까
칵테일파티 효과 · 69

첫 만남의 호감이 오래 지속되지 않는 이유
허위 기억 증후군 · 78

아니 땐 굴뚝에서 모락모락 피어오르는 '말'
언어적 은폐 · 87

차남·차녀 중엔 왜 억센 잡초 같은 사람이 많을까
모델링 학습 · 95

사람이 많은 회의일수록 쓸 만한 아이디어가 안 나오는 까닭
집단적 부실 · 105

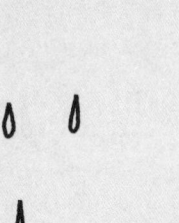

3장
스트레스받지 않고 상대를 내 뜻대로 움직이는 심리 기술

사람을 제대로 길러낼 때 필요한 것은 단 2가지
당근과 무시 전략 ············· 117

대단한 매력 없이도 호감을 얻는 사람들
당근 빼기 전략 ············· 125

회의의 성패를 가르는 결정적 요소는 '앉는 위치'다
스틴저 효과 ············· 132

왜 점쟁이 말은 족집게처럼 잘 맞는 것처럼 들릴까
바넘 효과 ············· 139

인기가 시들해진 연예인이 재기에 성공하는 의외의 비결
밴드왜건 효과와 언더독 효과 ············· 147

4장

힘들이지 않고 사람의 마음을 얻는 심리 기술

칭찬은 자주 하는 것보다 한 번 할 때 잘하는 게 중요하다
'조-해리의 창' 이론 ········· 157

왜 불륜 커플은 서로를 더 끔찍이 여길까
심리적 저항과 자기 효능 ········· 167

엉뚱한 4차원 캐릭터에게 묘하게 빠져드는 이유
인지 부조화 ········· 178

사람을 얻고 기회를 누리는 사람들은 무엇이 다를까
자기 지각 이론 ········· 184

감사의 말 ········· 193

참고문헌 ········· 197

1장

**억지로 잊으려 애쓰지 않아도
마음 편해지는 심리 기술**

생각하지 않으려 애쓸수록 사고가 더 활성화된다

백곰 실험과 트라우마

'사람이 많은 일을 기억하려면 어떻게 해야 할까?' 이 질문에 답하는 사람이 바로 뇌 과학자다. 반대로 '사람은 왜 단 하나의 사실도 잊지 못하는 걸까?' 이 질문을 붙들고 연구를 거듭하는 이는 아마 심리학자일 것이다.

실제로 깊은 마음의 상처나 슬픔에 사로잡혀 좀처럼 앞으로 나아가지 못하는 사람은 생각보다 많다. 트라우마까지는 아니더라도 누구나 한 번쯤 괴로운 기억이나 슬픈 일을 잊으려 애써본 경험이 있을 것이다. 그런데 이상하게도 잊으려고 노력하면 할수록 오히려 더욱 또렷해진다. 많은 이들이 겪어봤을 묘한 심리다. 왜 그런 걸까? 심리학적으로 보면 바로 이 잊으려는 노력, 즉 생각을 떠올리지 않기 위한 억압이야말로 완전히 역효과를 부르는 행위이기 때문이다.

'백곰 실험'으로 배우는 망각의 비결

1987년 미국에서 흥미로운 실험이 있었다. 연구진은 실험 참가자를 세 그룹으로 나눈 뒤 아무런 설명도 하지 않은 채 백곰의 일상을 담은 약 50분짜리 영상을 보여주었다. 참고로 백곰이 실험에 사용된 이유는, 심리학적으로 백곰은 특정 의미나 상징을 떠올리게 하지 않는, 비교적 중립적인 이미지를 가진 동물이었기 때문이다.

영상을 다 보여준 뒤 연구진은 각 그룹에 다음과 같은 3가지 지시를 내렸다.

① 백곰을 기억하시오.
② 백곰을 생각하든 말든 자유롭게 하시오.
③ 백곰만은 절대 생각하지 마시오.

1년이 지난 후 어느 그룹이 영상 내용을 가장 생생하게 기억하고 있었을까? 놀랍게도 '백곰만은 절대 생각하지 마시오'라고 지시받은 그룹이었다. 즉, **생각하지 않으려 애쓸수록 오히려 머릿속에 더 또렷하게 각인된 것이다. 이 실험을 통해 사고 억제가 오히려 사고를 더 활성화시킨다는 사실이 밝혀졌다.**

잊으려 애쓰면 애쓸수록 그것은 결과적으로 뇌에게는 '잊지 말라'는 명령으로 받아들여진다는 사실은 다소 충격적이다.

그렇다면 도대체 어떻게 해야 잊을 수 있을까? 이 대목에서 더욱 곤혹스러워진 독자 여러분을 위해, 망각을 위한 궁극의 비결을 전수하려고 한다. 딱히 비결이랄 것도 없다. 의외로 간단하니까. 요점은 이것이다. 뇌의 미터기가 최고점을 찍을 때까지 생각하고 또 생각할 것! 한마디로 잊으려 하지 말고 마음껏 떠올리는 것이다.

실연했다면 울고 싶은 만큼 실컷 울어야 한다. 체력과 상황이 허락한다면 머리가 멍해질 정도로 마음껏 우는 것도 좋다. 사실 반나절을 목 놓아 울부짖는다는 것은 아주 고된 일이다. 눈은 충혈되고 기운이 쭉 빠질 것이다. 그러나 괜찮다. 우리 뇌에는 고통스러운 대상에 대한 흥미가

그림 1 부정적인 사건의 '망각 곡선'

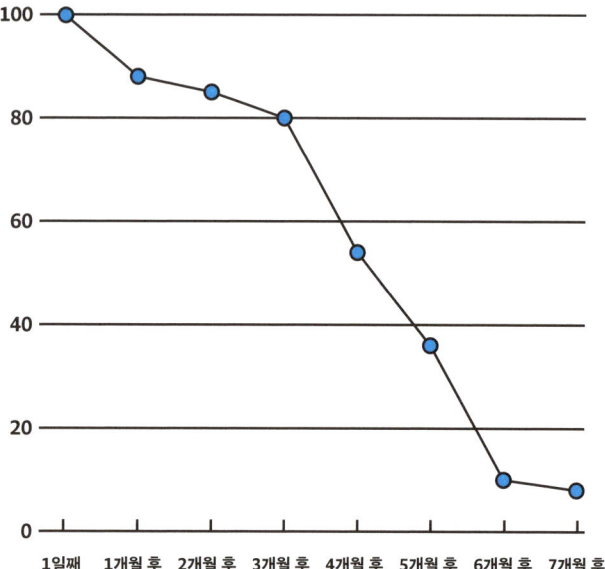

슬프고 괴로운 일은 처음 3개월 동안은 좀처럼 잊히지 않지만 3개월이 지나면 기억이 흐릿해지기 시작하고, 6개월이 지나면 대부분 잊게 된다.

시간이 지나면 자연히 반감되는 매우 합리적인 기능이 있다. 아무리 슬프고 괴로운 일도 반년만 지나면 좀 견딜 만해진다. 이런 기능을 나타낸 것이 바로 '망각 곡선'이다(그림 1). 이 그래프를 보면 사람은 대체로 3개월 동안은 잘 잊지 못하지만, 그 시점이 지나면 급속히 대상에 대한 관심을 잃어 6개월쯤 지나면 대부분 잊는다.

쉽게 말하면 '질린다'는 것이다. 이는 지극히 자연스러운 현상이다. 그만큼 마음이 만족했다는 신호일 수 있다. 일종의 카타르시스, 즉 정화 작용에 가까울지 모른다. 어쨌든 두 눈 부릅뜨고 자신의 상처를 똑바로 마주할 때, 망각 기능은 더 건강하게 작동한다.

**한시라도 빨리
괴로운 일을 잊는 법**

하지만 이렇게 6개월씩이나 괴로운 기분을 느끼고 싶지는 않을 것이다. 하루라도 뺄리 미릿속에 서식하는 배곰과 이별하고 싶은 마음이 당연히 들 텐데, 바로 그런 독자를 위해 망각의 비법을 공개하겠다. 이름하여 '염장 요법'이다. 쉽게 말해 벌어진 상처에 마음껏 소금을 뿌리는 것이다. 방법은 간단하다. 괴롭고 슬픈 일을 상세하게 일기로 적고 조금의 미화도 없이 최대한 자학적으로 다른 사람에게 말하는 것이다!

이때 일기는 그저 일어난 일을 단순히 기록하는 것이 아니라, 그 사건에서 느낀 자신의 '감정'을 적는 것이 핵심이다. 왼쪽 페이지에는 사건을, 오른쪽 페이지에는 감정(후회, 좌절감, 부끄러움, 원망, 분노 등)을 적어 대비시키면 더 효과적이다.

누군가에게 털어놓는 것도 추천하고 싶은 방법이다. 예를 들어 어떤 일에 실패해 마음의 상처를 입었다면 친한 동료와 술 한잔하며 실컷 자신의 실패담을 이야기하는 것이다. '분하다', '부끄럽다', '답답하다', '우울하다', '막막하다' 등등. 이런 사소하고 부정적인 감정일수록 솔직히 드러내는 것이 좋다. 기왕 털어놓는 거라면 최대한 자학적으로 말이다.

또 하나의 비법은 일기에 매일 그 사건에 대한 감정을 백분율로 기록하는 것이다(그림 2).

'오늘은 짜증 75%, 슬픔 15%, 외로움 7%' 이런 식으로 감정의 총합이 100%가 되도록 적는다. 숫자는 말보다 훨씬 객관적이고 정확하게 자신의 감정을 표현하게 해준다. 이런 일기를 오늘도, 내일도, 모레도 계속 쓴다. 이렇게 하다 보면 어느 순간 더 이상 일기를 쓰는 게 귀찮아지고 '내가 왜 이걸 쓰고 있지?' 싶을 정도로 시시해지는 순간이 반

그림 2 감정을 백분율로 기록하는 방법

날짜	일어난 일	마음을 지배하는 일방적인 감정(%)	마음을 지배하는 감정에 대한 반론(%)	기록 후의 기분
○월 ×일	어젯밤 연인에게 몇 번이나 전화했는데 한 번도 받지 않았다	무슨 일이 있는 건가? 혹시 바람을 피우는 건 아닐까? 불안(60%) 슬픔(25%) 짜증(15%)	먼저 잠들었을지 모른다(55%) 술자리를 가졌을지 모른다(30%) 업무가 바빴던 건 아닐까(15%) 기타	뭐, 오늘은 이걸로 됐다
○월 △일	내일, 선배가 잠깐 보자고 했다	선배에게 혼이 나는 건 아닐까? 두려움(65%) 불안(20%) 긴장(15%)	그냥 밥 한 끼 하자는 걸 수도 있다(75%) 특별한 용건은 없다(25%) 기타	내일이 되면 알게 되겠지

이미 일어난 일에 대해 품었던 '일방적인 감정'을 백분율로 기록한다. 그리고 그 오른쪽 칸에 그에 대한 반론과 퍼센트를 써 넣는다. 이런 수치화는 객관적이고 구체적으로 자신의 감정을 표현하는 데 도움이 된다.

드시 찾아온다. 바로 그때가 여러분 마음에 사는 백곰을 완전히 몰아낸 날이다.

속설에 따르면, 일반적으로 여성은 실연의 아픔을 금세 잊지만 남성은 꽤 오래 간직한다고 한다. 이는 여성이 자신의 이야기를 타인에게 털어놓고 솔직하게 공유하는 경우가 많기 때문이다. 여성은 수다라는 아웃풋 능력이 뛰어난 덕분이다.

자신을 괴롭히는 사건을 하루라도 빨리 잊고 싶은가. 그렇다면 감정을 감추지 말고 마음껏 드러내자. 슬픔에 잠겨 실컷 울며 비극의 주인공이 되어야 그때 비로소 트라우마는 해결된다.

'백곰'을 자각하지 못하는 사람들

그런데 자신 안에 사는 백곰, 즉 마음의 상처를 자각하는 사람은 그나마 낫다. 매일 상담을 하다 보면 사실 마음에 상처를 안고 살면서 그것을 인식조차 하지 못한 채 괴로워하는 사람이 의외로 많다는 사실에 깜짝 놀란다. 그들은 하나같이 마음이 아닌 몸의 증상으로 고통을 호소한다. 잠을 잘 수 없다든지, 악몽을 꾼다든지, 배가 자주 아프다든지 하는 신체 증상이다. 그런 사람들은 일단 찬찬히 이야기를 들어보면 대부분 '인간관계'에서 비롯된 심리적 스트레스를 안고 있다.

얼마 전에도 심한 편두통으로 고생한다는 한 남성이 상담실을 찾아왔다. 그는 최근 아들을 어떻게 대해야 할지 도무지 갈피를 잡을 수 없어 스트레스를 받았다고 털어놓았다. 결국 어긋난 부모자식 관계가 편두통이라는 신체 증상으로 나타난 것이다. 이럴 때는 두통을 치료하기보다 아들에 관한 고민을 공감하며 들어주면 한결 몸 상태가 좋아진다. 실제로 심인성 내과 전문의는 이렇게 말한다. "<u>**마음의 상처를 혼자 삭이며 참다 보면 결국 그 사람 몸의 가장 약한 곳에서 실환이 되어 나타납니다.**</u>"

신체적 질환으로 위장하는 잠재된 마음의 상처. 결코 백곰의 존재를 간과해서는 안 된다.

그러나 안타깝게도 많은 사람이 이 백곰이 저지르는 못된 장난을 스스로는 좀처럼 깨닫지 못한다. 예를 들어 알코올 의존증을 앓는 사람이 있다고 치자. 그 사람은 어떻게 해야 술을 끊을 수 있을까에만 몰두하느라 정작 알코올 의존에 빠진 원인이 된 마음의 상처는 외면한다.

트라우마를 극복하는 첫걸음은 그 상처를 제대로 인식하는 것이다. 여러분을 괴롭히는 일은 무엇인가? 그 기억을 마음 한편에 눌러두지 말고 인정하고 바라보는 것. 그것이 마음속 백곰을 몰아내는 출발점이다.

상처를 치유하려면 회피보다는 직면이 필요하다. 그리고 잊으려 애쓰기보다 오히려 찬찬히 그 상처를 관찰하고, 때로는 그 위에 소금을 살짝 뿌려보는 것도 좋다.

요즘 왠지 몸이 찌뿌드드한가? 쉽게 잠이 오지 않고 한껏 긴장된 상태인가? 어쩌면 여러분 마음 깊은 곳 어딘가에도 커다란 백곰 한 마리가 살고 있을지 모른다.

안절부절 못할 때 신속하게
패닉 상황에서 빠져나오는 법

회피적 통제 끝어내기

중요한 프레젠테이션이나 시험을 앞둔 전날 밤, 가슴이 벌렁거려 안절부절 못한 적이 있을 것이다. 교감신경이 날카롭게 작동하면서 좀처럼 잠을 이루지 못하고, 설상가상으로 다음 날 아침에 늦잠까지 자는 사태가 벌어지기도 한다. 그런 자신을 자책하며 회의 장소로 헐레벌떡 달려가지만 막상 프레젠테이션이 시작되려는 순간, 이번에는 머리가 지끈거리고 토할 것 같은 기분이 든다! 사실 여기까지는 나도 자주 겪는 일이다.

정도가 다를 뿐 누구나 예기치 못한 패닉 상황에 머릿속이 새하얘진 경험이 한 번쯤 있을 것이다. 심한 경우 온몸에 식은땀이 흐르고 손발이 찌릿찌릿 저리며 속이 매스꺼워지기도 한다. 어떤 사람은 아랫배가 살살 아파 화장실을 찾느라 진땀을 흘리기도 하고, 심지어 정신이 아득해져 서 있기조차 힘들다는 사람도 있다.

압박감이 극심할 때 이런 신체 반응이 나타나는 건 왜일까? 도대체 우리 몸은 어떻게 생겨 먹은 걸까? 사실 남몰래 이런 고민을 하는 사람도 적지 않다. 심리학적으로는 그런 증상을 '공황 발작panic attack'이라고 진단한다. '발작'이라는 표현이 다소 과장되게 들릴 수도 있지만 실제로는 흔하게 나타나는 반응이다. 어떤 조사에 따르면 40% 이상의 사람들이 살면서 '극심한 공황 발작을 경험한 적이 있다'고 답했다고 한다.

물론 적당한 긴장은 도움이 된다. 하지만 중요한 순간마다 패닉에 휘말려 제정신을 유지하지 못하고 실력까지 발휘하지 못하는 건 단순한 곤란을 넘어 자신에게 해가 된다.

그렇다면 언제 어떤 상황에서도 평정심을 유지하고 대범하게 대처하려면 어떻게 해야 할까?

패닉에 빠진 사람이 자주 하는 잘못된 대처법

공황 발작이 두려워 일상적인 통근이나 통학조차 제대로 하지 못해 스트레스를 호소하는 사람들이 적지 않다. 정말 딱하기 그지없는 일이다. 증상이 병원을 찾을 정도로 심각해지면 '공황장애 panic disorder' 진단이 내려진다. 공황장애 진단을 받으면 본격적인 상담 치료와 약물 치료를 받아야 한다.

사실 나 역시 과거 어느 시기에 심각한 공황장애로 꽤 오랫동안 고생했다. 그 고통을 이겨내기 위해 심리학 공부를 시작했고 덕분에 패닉을 가라앉히는 사고법이나 상담 요법을 열심히 연구할 수 있었다. 그 결과 나만의 해결법을 찾기에 이르렀다.

내가 찾은 '우에키 리에식 해결법'은 누구에게나 도움이 될 수 있다. 공황 발작 수준까지는 아니더라도 도를 넘는 불안이나 흥분은 살면서 누구나 겪을 수 있는 현상이다. 중요한 건 그 상황을 인식하고 신속하게 불안 상황에서 빠져나오는 법을 아는 것이다.

그 해결책을 소개하기 전에 먼저 짚고 넘어가야 할 중요한 점이 하나 있다. 공황장애로 힘들어하는 사람들에게서 자주 보이는 사고의 경향이다. 나 또한 과거에 공황장애를 앓았는데, 긴장이 고조되다 못해 결국 정신을 잃는 사람들에게는 공통된 특징이 있었다. 바로 자신의 신체 증상을 부정하려 한다는 점이다. '괜찮아. 아무 문제없어. 이건 순전히 기분 탓일 거야.' 이런 식으로 자신의 신체 증상을 억누르고 부정하는 태도를 심리학에서는 '회피적 통제avoidant control'라고 부른다.

사람들은 이럴 때 '평상심, 평상심……' 하고 중얼거리거나 심호흡을 하거나 가슴을 두드리며 필사적으로 마음을 진정시키려 사력을 다한다. 이 같은 노력이 얼핏 효과가 있는 듯 보이기도 한다. 하지만 바로 이 회피적 통제가 문제의 핵심이다.

앞서 언급한 백곰 실험 이야기를 떠올려보자. <u>사람은 무언가를 잊으려 애쓸수록 더욱 선명하게 기억을 떠올리고 만다. 그와 마찬가지로 '어떻게든 마음을 가라앉혀야 해'라고 자신을 타이르는 행위는 오히려 '이렇게까지 긴장한 나'를 더욱 뚜렷이 인식하게 만든다.</u>

'괜찮아, 그냥 기분 탓이야!'라고 뇌까리며 신체 증상을 강하게 부정할수록 '전혀 괜찮지 않은 자신'이 더 선명해진다. 역설적인 이야기지만 이처럼 사고와 신체 사이의 '괴리'를 체감하게 되면 더 본격적인 조바심에 휩싸이고 그 감정은 극도로 고조된다.

'어떡하지, 아무래도 마음이 가라앉질 않아. 난 몰라, 어쩌면 좋아……'

이렇게 자신의 흥분 상태를 조절하지 못하면 결국 패닉의 악순환에 빠진다. 물론 이러한 회피적 통제는 인간이 가진 중요한 방어 본능의 하나다. 부정적인 생각을 가능한 한 하지 않도록 애쓰며 그저 기분 탓으로 넘기는 일은 누구나 하는 일이다. 하지만 이것은 어디까지나 예방적 단계에서만 효과가 있다.

'왠지 불안해. 공황이 일어날 것 같아.'

'토할 것 같아. 긴장 돼.'

이런 감정을 느끼는 시점에서는 그나마 회피적 통제가 나름 효과를 발휘할 수 있다. 하지만 실제로 공황 발작이 시작되면 그때부터는 아무리 부정하려 애써도 소용이 없다. 백곰 실험으로 밝혀진 이론을 떠올려보라. 완전히 역효과일 뿐이다. 그렇다면 어떻게 대처해야 할까? 이제부터 내가 터득한 해결법을 소개하려고 한다.

절대 자신의 감정에
저항하지 말 것

이미 앞에서도 밝혔듯, 나는 오랫동안 공황 발작으로 골머리를 앓아온 사람이다. 긴장 상태에 빠지면 허벅지가 덜덜 떨리고 등은 땀으로 흥건해진다. 심할 때는 의식이 점차 멀어지며 까무룩 정신을 잃는 상황까지 간다. 초등학생 무렵부터 줄곧 나를 괴롭혀온 공황 발작. 그런데 지금은 많은 사람 앞에서 하는 강연을 즐기게 되었고 TV 생방송에서도 차분하게 말을 잇는 사람이 되었다. 이제는 공황 발작이 일어날 기미가 눈곱만큼도 느껴지지 않는다. 공황뿐 아니라 긴장이나 압박감을 슬기롭게 '피하는' 방법을 익혔기 때문이다.

긴장과 불안을 가라앉히는 방법은 '잘 수습해 어떻게든 극복'하려는 감정 통제가 아니다. 절대 자신의 감정에 이를 악물고 저항해서는 안 된다. 몸 상태가 나빠지면 있는 그대로 그 상황을 인정하고 솟구치는 괴로움에 몸을 맡기는 게 중요하다. 고통에서 도망치려 하지 말고 실컷 인내하는 것이다. 이것이 불안이나 패닉을 다스리는 기본적인 마음가짐이다.

그렇다면 구체적으로 무엇을 어떻게 해야 할까? 지금부터 내가 직접 체득한 나만의 필살기를 공개하겠다! 회피적 통제를 멈추고, 저항하지 않고 능숙하게 고통에 몸을 맡기는 방법은 바로 '나 홀로 실황중계'다. 증상이 나타나면 자신의 상태를 혼잣말로 자세하게 중계하듯 묘사하는 것이다.

'손이 싸늘하게 식어서 욱신욱신 저려.' 예를 들어 나는 긴장감에 손끝이 차가워지면 이렇게 혼자 중얼거리는 게 습관이 됐다.

'머리가 무거워. 점점 무거워지고 있어. 관자놀이까지 아파오는데.' 두통이 시작될 때는 이렇게 혼자 마치 실황중계를 하듯 신체 증상을 주워섬긴다. 즉, <u>고통스러운 증상에서 도망치기보다는 자세히 언어화하는 것이 핵심이다.</u> 마음속으로 살짝 읊조리기만 해도 바로 효과가 나타난다. 이렇게 상태를 실황중계히듯 집요하게 언어화하면 신기하게도 신체 증상이 더 심해지지 않고 오히려 점차 가라앉아 냉정을 되찾게 된다.

이 방법은 공황 그 자체를 없애기보다는 있는 그대로 받아들이고 적절히 처리하는 방법이므로 '해소법'이 아니라 '해결법'에 가깝다. 나는 이 방법을 나 자신은 물론 내가 상담하던 여러 환자들에게도 시험해보았다. 결과는 지극히

양호해 공황 발작에 상당히 효과적인 대처법임을 나는 확신하게 되었다.

실제로 통증을 느끼는 부위의 피부전위를 측정한 실험에서도 혼잣말로 실황중계를 한 사람은 통증 수치가 점차 감소한 것으로 나타났다. 반대로 고통을 외면하고 감정을 억누른 경우에는 오히려 통증이 더 심해지고 불쾌감을 보다 강하게 느낀다는 사실이 수치로 나타났다.

만약 상태가 안 좋거나 너무 긴박한 상황이라 실황중계 따위를 할 형편이 아니라면 주위 사람에게 자신의 상태를 공개적으로 알리는 것이 좋다. "나 지금 너무 긴장해서 토할 것 같아.", "나 숨이 콱 막히는 기분이 들어.", "심장이 튀어나올 것 같아. 지금 온몸이 긴장감에 덜덜 떨리고 있어." 이 한마디만으로도 상태가 조금 진정되는 효과가 있다. 핵심은 언어화에 있다. 억지로 참고 견디며 내색하지 않으려는 성실함은 오히려 공황을 더 악화시킬 뿐이다.

상황을 바라보는 방식이 중요하다

고통에 저항하지 않고 몸을 맡긴다는 마음가짐으로 있는 그대로 받아들이는 태도야말로 공황에서 탈출하는 지름길이다. 사실 심리학자들조차 이 역설적인 사고방식을 깨달은 지 얼마 되지 않았다. 비교적 최근에야 주목받기 시작한 이론인 것이다. 심리학계 역시 오랜 시간 동안 고통을 '통제하거나 극복해야 할 대상'으로 여겨왔기 때문이다.

반 세기 전만 해도 심리학자들은 옛 사람들과 마찬가지로 공황으로 괴로워하는 사람에게 '환경을 바꾸면 어떨까요?'라든가 '가능한 한 잊으려 애써봐요' 같은 회피적 통제를 권유했다.

그러한 흐름이 달라신 때는 미국의 심리학자 앨버트 엘리스Albert Ellis가 1955년 발표한 'ABC 이론'(그림 3)이 시초가 아닐까 하는 게 내 생각이다. ABC 이론이란 감정이 어떻게 발생하는지를 논리적으로 설명한 연구다. 이 이론에 따르면 감정은 사건에서 직접 생겨나는 것이 아니라, 사건을 받아들이는 사고방식에서 비롯된다.

A는 Activation(사건, 발생), B는 Belief(사고방식, 신념), C

는 Consequence(결과, 결론)이다. 기존에는 A→C, 즉 '사건' 그 자체가 '결과'로 이어진다고 생각했다. 하지만 앨리스는 A→B→C, 즉 '사건'은 '사고방식'을 거쳐야 비로소 '결과'를 낳는다고 주장했다.

나 역시 언짢은 사건이 일어났을 때, 그 사건 자체보다 이 일을 어떻게 해석할 것인가를 먼저 생각했다. 말하자면 '기분'을 바꾸는 것만으로도 스스로 결과를 달리 만들 수 있었다.

그때까지의 심리학은 부정적인 상황을 회피하기 위해 오랜 세월 A(사건)에 집착하며 그 원인을 붙들고 씨름해왔다. 예를 들어 공황이 일어나면 직장을 옮긴다거나 비행기 자체를 타지 않는 편이 낫다는 식이었다. 그러나 엘리스의 발표로 심리학계는 발상의 대전환을 맞이하게 된다. ABC 이론의 B(신념, 사고방식)를 분석하고 연구하는 '인지심리학'이라는 심리학의 한 분야가 이로부터 탄생한 것이다.

본의 아니게 거듭 언급하게 되지만 내 전공 역시 인지심리학이다. 나는 공황이라는 '사건' 그 자체가 아니라 그 상황을 받아들이는 '사고방식'을 바꿈으로써 다시 안정을 되찾는 '결과'를 얻을 수 있다는 점에 큰 매력을 느꼈다. 앞서

그림 3 **ABC 이론**

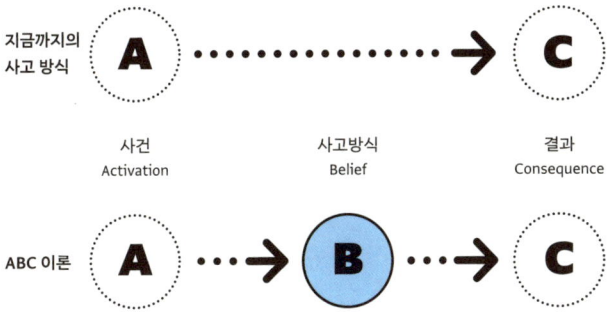

인지심리학에서는 사건과 결과는 직결되지 않고 그 둘 사이에는 인간의 상황 인식, 신념, 해석, 기분 등이 개입한다고 생각한다. 이러한 '사고방식'을 바꿈으로써 사람은 부정적인 정신 상태에서 벗어날 수 있게 되는 것이다.

소개한 '나 홀로 실황중계'는 바로 이 B, 즉 사고방식에 변화를 주고자 하는 전략이다.

 아무리 공황을 일으키는 조건이 갖추어져도 서두르거나 흥분하지 않고 자신의 상태를 객관적으로 물끄러미 바라보면 상황은 달라진다. 실황중계를 할 정도의 유머 감각을 유지할 수 있다면, 그런 마음가짐만으로도 의외로 간단히 공황 상태에서 빠져나올 수 있다.

참고로 공황은 긴장 상황에서만 일어나는 것은 아니다. '화가 머리끝까지 치밀어 온몸이 부들부들 떨린다'는 표현이 있듯, 참을 수 없을 만큼 화가 났을 때도 이 기술은 효과적이다. 예를 들어 상사의 부당한 잔소리나 연일 계속되는 배우자의 늦은 귀가로 폭발 일보 직전에 이르렀을 때를 생각해보자.

"아, 드디어 한계에 다다랐다. 분노 게이지가 끝까지 찼다. 지금 당장이라도 폭발할 것 같다. 화가 나서 온몸이 부들거린다." 이런 식으로 혼잣말로 실황중계를 하다 보면 신기하게도 마음이 가라앉아 큰 싸움으로 번지지 않는다. 다만 이 방법을 사용할 경우에는 중계 내용이 상대방에게 들리지 않도록 조심해야 한다. 상대가 자신을 우습게 여긴다고 오해해 더 크게 격분할 수도 있기 때문이다. 자칫하면 불에 기름을 붓는 격이 될 수 있으므로 한층 더 세심한 주의가 필요하다.

실연한 밤에 듣는 〈댄싱 퀸〉은 〈글루미 선데이〉보다 우울하다

감정 불일치 효과

실연을 당했거나 일하다 큰 실수를 저질렀을 때, 혹은 스스로에게 실망해 자괴감이 들 때 우리의 마음은 하염없이 가라앉는다. 이럴 때 여러분은 어떻게 기분을 전환하는가? 많은 사람이 기분 전환을 위해 음악을 듣는다고 말한다. 그렇다면 과연 어떤 음악을 들어야 할까?

이에 관한 흥미로운 심리학 실험이 있다. 음악이 기분에 어떤 영향을 주는지 알아보는 실험이었는데, 결과는 매우 명쾌했다. 밝고 경쾌한 곡을 들은 피험자는 실제로 기분이 한결 좋아졌고, 어두운 곡을 들은 피험자는 우울감을 보였다고 한다. 이런 결과는 음악의 힘을 설명하는 '감정 일치 효과mood congruence effect' 이론으로 이어졌다.

즉, 음악과 감정의 톤이 맞아떨어질 때 우리의 감정이 음악에 따라 변화한다는 것이다. 이 이론대로라면 우울할 때 백화점 개점 시간에 울려 퍼지는 행진곡을 들으면 기분이 좋아져야 마땅하다. 하지만 실제로는 이와 다른 일이 벌어진다.

우울감을 호소하는 환자를 매일 상대하는 상담사들 사이에서는 앞의 실험 결과에 의문을 품는 목소리가 커졌다. 실제 임상 현장에서 우울감을 호소하는 환자들에게 아무리 밝고 경쾌한 곡을 들려주어도 그들은 눈곱만큼도 즐거워하지 않았고, 나아지기는커녕 오히려 더 침울해졌다는 것이다.

이런 현상에 고개를 갸웃거리던 심리학자들은 후속 연구를 거쳐 새로운 이론을 정립하기에 이르렀다. 그 결론은 다음과 같다.

- 마음이 평온한 상태(고양되거나 침울하지 않은 보통 상태)에서는 음악과 감정이 일치하는 '감정 일치 효과'가 작용한다.

- 이미 기분이 가라앉은 상태에서는 밝은 음악이 오히려 감정과 '불일치'하여 기분이 한층 더 나빠진다.

그렇다. 우울할 때 밝은 음악을 듣는 것은 오히려 역효과다.

마음이 무너졌을 때
어떻게 스스로를 위로해야 할까

그렇다면 마음이 무너진 밤, 어떻게 스스로를 위로해야 할까? '음악 따위가 무슨 소용이야' 하고 고개를 젓는 사람도 있겠지만 그건 잘못된 생각이다. 음악이 가진 힘은 생각보다 크다. 슬플 때는 억지로 가라앉은 기분을 끌어올리려 하지 말고, 오히려 슬픈 음악 속에 마음껏 잠겨보자. '감정 불일치 효과 mood incongruence effect'를 활용하는 것이다.

슬픔은 단순한 기분이 아니라 어떤 사건에 대한 자연스러운 심리적 반응이다. '지금은 머릿속을 비우고 쉬어야 할 때야'라고 뇌가 보내는 신호인 셈이다. 그렇다면 이 신호를 억지로 거스르기보다 마음을 있는 그대로 받아들이고 슬픈 음악에 자신을 맡기는 편이 오히려 몸과 마음을 위하는 일이다. 실연을 했다면 세상에서 가장 슬픈 곡으로 꼽히는 비탈리의 〈샤콘느〉를 들어보자. 가사가 있는 노래가 좋다면 비틀즈의 〈렛 잇 비〉나 테일러 스위프트의 〈백 투 디셈버〉도 좋다. 〈글루미 선데이〉도 추천할 만하다.

급할수록 돌아가라는 속담처럼, 슬플수록 잠시 슬픔에 깊이 잠기는 시간이 필요하다. 그 시간이 지나면 다시 마음을 추스르고 앞으로 나아갈 수 있다.

나는 상담 치료를 할 때 배경 음악을 매우 신중하게 고른다. 상담을 받으러 오는 사람 대부분은 기분이 가라앉은 상태이기 때문에, 일부러 단조롭고 어두운 분위기의 음악을 튼다. 예를 들면 우울한 샹송이나 차분한 클래식이다. 이때 우울한 사람의 기운을 북돋아준답시고 밝고 경쾌한 음악을 튼다면 오히려 감정이 맞지 않아 더 침울해지고, 상담 때 아무리 좋은 말을 해주어도 마음에 와닿지 않는다.

반면 어두운 음악은 감정을 정돈해주고 긴장을 풀게 해주며, 보다 깊이 있는 심리적 대화를 가능하게 해준다. 멀리서 보면 슬픈 음악이 흐르는 방 안에서 소곤소곤 이야기를 나누고 함께 눈물을 흘리는, 다소 우울해 보이는 장면

일 수 있다. 그러나 신기하게도 상담을 마친 환자는 얼굴이 환해지고 표정이 한결 가벼워진다. 밝은 음악을 틀었다면 결코 그런 변화는 일어나지 않았을 것이다. 이것이 바로 감정 불일치 효과의 힘이다.

**비 맞은 강아지는
비에 젖어 떠는 편이 낫다**

지금까지 음악 이야기를 실컷 늘어놓았지만 사실 음악으로 한정할 필요는 없다. 슬플 때는 즐거운 코미디 프로그램을 봐도 웃음이 나지 않고 처량하기만 하다. 흥겨워야 할 유원지나 술자리도 조금도 즐겁지 않다. 기분이 최악일 때 이런저런 이벤트, 이른바 '기분 전환'은 오히려 역효과인 셈이다.

취업에 실패한 후 직장 생활을 하는 친구를 만나고 싶지 않은 이유도 질투 때문만은 아니다. 마음이 원하는 자연스러운 거리두기다.

실제로 우울증을 앓는 사람의 기분을 전환해준답시고 밖으로 데리고 나가는 시도 역시 상태를 나빠지게 만들 수 있다. 기분이 가라앉은 사람에게는 억지로 행복한 사람들과 어울리게 하거나 밝은 환경을 만들어주는 것보다, 차라리 빗속에서 조용히 웅크리고 있게 잠시 두는 편이 더 낫다. 그리고 그 곁에서 함께 비를 맞아주는 것. 그것이야말로 가장 큰 위로다. 서로의 체온을 나누는 동변상련만큼 좋은 약은 없다.

심리학에는 '인카운터 그룹encounter group'이라는 상담 기법이 있다. 이 요법은 우울한 사람끼리, 즉 비슷한 감정을 가진 사람들이 서로의 감정을 공유하며 깊이 있는 자기 성찰을 도와주는 방식이다. 기분이 가라앉을 때 하루빨리 그 기분에서 벗어나는 비결은 일부러 그 감정의 바닥까지 내려가보는 것이다.

나 역시 상담할 때 환자가 침울해하면 같이 침울한 기분으로 이야기하고, 눈물을 흘리면 함께 울기도 한다. 억지로 침울한 기분을 끌어올리려 하면 오히려 상대방의 마음은 끝없는 나락으로 가라앉고 만다. 결국 <u>우울한 기분에서 빠져나오는 비결은 자신의 감정과 비슷한 정서를 지닌 사람과 함께 지내는 것, 즉 저기압에 맞는 환경에 자신을 두는 것이다.</u>

슬프면 어두침침한 방에서 〈글루미 선데이〉라도 들어

보자. 꼭 그 노래가 아니어도 좋다. 훌쩍훌쩍 울고 슬픔에 푹 잠기면 그만이다. 하룻밤만 지나면 그렇게 울던 자신이 어쩐지 바보스럽게 느껴지고 마음이 한결 개운해질 것이다.

왜 복권은 남에게 부탁하지 않고 직접 사러 갈까

통제 착각과 대수의 법칙

스스로 선택한 일은 반드시 좋은 결과를 가져올 것이라는 믿음. 우리 모두 마음속 깊은 곳에 그러한 에고이즘을 갖고 있다. 이 믿음을 심리학에서는 '통제 착각control illusion'이라고 부른다. 우리말로 옮기면 '지배 가능한 환상', 즉 실제로는 제어할 수 없는 일을 마치 자신이 통제하고 있다고 믿는 것이다.

사람은 많든 적든 그러한 근거 없는 환상을 품고 살아간다. 그리고 이런 환상은 일상 속 곳곳에서 나타난다. 대표적인 예가 복권 구매다. 복권을 살 때 우리는 대개 '직접' 복권 판매소에 줄을 서서 자기 돈을 내고 자기 손으로 복권을 긁거나 로또 번호를 찍는다. 그 편이 왠지 더 당첨 확률이 높을 것 같은 기분이 든다. 연말처럼 눈코 뜰 새 없이 바쁠 때조차도 적당히 다른 사람에게 복권을 대신 사달라고 부탁하는 사람은 거의 없다. 이것이야말로 통제 착각이 만들어낸 환상이다. 실제로는 다른 사람에게 부탁해서 사도 당첨 확률은 똑같다. 재미있는 건 이런 착각을 거의 믿지 않는 사람들이 있다는 사실이다. 바로 우울증 환자들이다.

**우울한 사람은
확률 판단의 천재**

한 실험에서 연구진은 복권 당첨 기대치를 두 그룹에게 물었다. 하나는 우울증을 앓고 있는 사람들, 다른 하나는 우울하지 않은 상태의 일반인들이었다. 이 두 그룹에게 '직접 산 복권'과 '다른 사람이 대신 산 복권' 중 어느 쪽이 더 당첨 확률이 높을지 기대치를 조사했다.

　실험 결과는 의외였다. 우울증에 걸린 사람이 도리어 사물을 매우 냉정하고 비판적으로 판단한다는 사실이 밝혀졌기 때문이다. 그들의 복권 당첨 확률 기대치는 '스스로 산다'와 '다른 사람에게 부탁한다'의 차이가 거의 없었다. 반면 일반인의 경우 '스스로 산다'의 기대치가 '다른 사람에게 부탁한다'를 훨씬 웃도는 결과를 보였다.

우울증에 걸린 사람과 그렇지 않은 사람 사이에는 확률 판단력 결과에서 뚜렷한 차이가 있었다(그림 4). 확률적으로 복권이 당첨되거나 빗나가는 것은 전적으로 우연의 영역이다. 즉, 누군가에게 부탁해서 복권을 사든 직접 사든 당첨 확률에는 아무런 차이가 없다는 뜻이다.

결국 이번 실험에서 더 '올바른' 판단을 내린 그룹은 우울증 환자들이었다. 우울증은 분명 하나의 병이지만, 역설적이게도 두뇌 작용을 오히려 더 명료하게 만들 수 있다는 것이다. 이러한 모순된 현상은 '우울증 패러독스depression paradox'라 불리며 주목받게 되었다.

통제 착각에 빠지면
잘못된 판단을 번복한다

다소 뜬금없는 질문을 하나 하겠다. 여러분은 '대수의 법

그림 4 우울증 환자의 확률 판단력

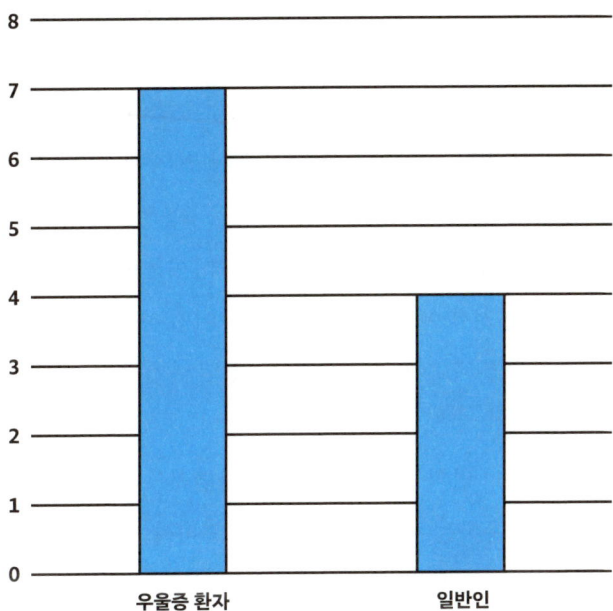

그래프에서 알 수 있듯 우울증을 앓는 사람은 그렇지 않은 사람에 비해 확률에 대한 판단 능력이 거의 2배나 뛰어나다. 그들은 사물을 냉정하고 비판적으로 바라보며, 본질을 꿰뚫는 통찰력을 지닌 냉철한 천재일지 모른다.

칙'을 알고 있는가? 대수의 법칙은 통계학 용어로 '특정 사건이 일어날 확률은 우연이나 불규칙이 아니라 항상 일정한 비율로 수렴한다'는 원리를 뜻한다.

예를 들어 주사위를 굴려 '1'이 나올 확률은 이론상 6분의 1이다. 하지만 대여섯 번만 굴리면 결과는 불규칙하게 나타난다. '1'만 여러 번 나오거나 반대로 '1'이 한 번도 안 나올 수도 있다. 그러나 끈질기게 수십 번, 수백 번 반복해서 주사위를 굴리다 보면 결국 확률은 6분의 1에 가까워진다. 시행 횟수를 늘릴수록 참값(이 경우에는 주사위가 본래 지닌 확률적 성질)에 수렴하는 것이다. 어떤 사물의 진실은 여러 번 경험해봐야 비로소 알 수 있다. 이것이 바로 대수의 법칙이다.

그런데 이 법칙을 머리로는 이해하면서도 실제 생활에 제대로 적용하는 사람은 거의 없다. 오히려 이 법칙을 깡그리 무시하고 잘못된 판단을 내리는 경우가 일상에서 자주 일어난다. 가령 새로 문을 연 식당에 갔는데 음식이 너무 맛있어서 감탄했다고 하자. 그런데 두 번째 방문했을 때는 지난번보다 맛이 약간 떨어졌고 그로 인해 실망했다.

이럴 때 대부분의 사람은 어떻게 판단할까? '뭐야, 처음에는 신경 좀 쓰는 것 같더니 역시 별거 아니었네.' 이렇게 단번에 단념하고 발길을 끊어버리는 경우가 많다. 하지만 대수의 법칙을 떠올려보면 이것은 주사위를 겨우 두 번만

굴린 셈이다. 그 정도 경험만으로는 그 식당의 진정한 실력을 판단하기 어렵다. 이 점을 잘 이해하고 있는 이들이 바로 우울증을 앓고 있는 사람들이다.

"두 번밖에 안 가봤는데 아직 판단하기는 이르죠. 몇 번 더 가보고 판단해도 늦지 않잖아요."

우울증에 걸린 사람들은 대부분 이처럼 말한다. 다소 무뚝뚝하고 재미없는 답변처럼 들릴지 몰라도, 이는 대수의 법칙에 충실한 통계적 사고에 따른 것이다. <u>우울증을 앓는 사람은 어쩌면 사물의 진실을 꿰뚫어보는 데 탁월한 통찰력을 지닌, 특별한 유형의 천재일지도 모른다.</u>

한편 일반적인 사람들은 다음과 같이 상반된 판단을 내리기 쉽다. '내가 고른 가게인데 당연히 맛있을 거야.', '저렇게 맛없는 음식을 파는 가게는 두 번 다시 안 가.'

이렇게 자의적이고 감정적인 판단은 대부분 앞서 얘기한 통제 착각에서 비롯된다. 그러나 우울증 환자들은 그런 착각에 빠지지 않는다. 그들은 자의적인 판단을 피하고 신중함을 선택한다.

이와 관련해 또 하나의 예를 들어보자. 4명이 참여한 미팅 자리에 참석했다고 가정하자. '이 4명 중에 정말 괜찮은 사람이 있는지 없는지 지금 바로 결정할 수는 없겠지.' 우울증 기미가 있는 사람은 이렇게 판단을 유보한다. 그래서 미팅 분위기가 지지부진하고 썰렁해지기 쉽다.

반면 활기 넘치고 발랄한 사람은 별다른 근거도 없이 넷 중 한 사람을 '운명의 상대'로 점찍는 경우가 있다. 이런 경우야말로 통제 착각의 대표적 사례다. 이 세상에 단 한 사람뿐인 운명의 상대를 찾고 싶다는 소망이, 무리하게 4명 중에서 누군가를 골라내려는 심리를 유도하는 것이다. 물론 그 편이 일시적으로는 기분도 고조되고 즐거울지 모른다. 그러나 단 4명만 놓고 운명의 상대를 찾겠다는 생각은 확률적으로 분명 오류다. 실제로 미팅이나 파티에서 한눈에 반해 급속히 가까워진 커플일수록 오래가지 못한다는 통계도 있다.

결국 우리는 통제 착각에 매몰되어 스스로를 과신하고, 그로 인해 잘못된 판단을 수없이 저지르는 셈이다. 하지만 그 과신이야말로 마음을 밝고 긍정적으로 유지하는 데 도움이 되는 것도 사실이다. 사물의 진실만을 보며 살아간다는 것은 사실 꽤나 피곤한 일이기 때문이다.

틀려도 행복하게 살 수 있다.
그러나……

 그렇다. 사실 통제 착각이야말로 인간 행복의 중요한 원천이다. **우리는 올바르지 않은 판단을 통해서도 행복해질 수 있다.** 현실이 명확히 보이지 않기에 넘치는 기대와 희망을 품을 수 있는 것이다.

 복권을 살 때든 미팅에 나갈 때든 '확률'이 선명하게 보인다면 아마 조금도 즐겁지 않으리라. 설령 잘못된 판단일지라도 다양한 형태의 통제 착각을 갖는 것이 오히려 행복에 이르는 지름길일 수 있다. 어차피 행복이란 애초에 철저히 주관적인 감정이기 때문이다.

 그러나 한편으로, 통제 착각에 기반한 행복은 환상에 지나지 않는 것도 부정할 수 없는 사실이다. 결국 그 환상이 깨져 기대와는 다른 실망스러운 결과로 이어지는 경우도 적지 않다. 그렇기에 기대가 어긋났을 때 진가를 발휘하는 사람이 바로 우울증 환자다. 그들은 복권이든 미팅이든 거기서 큰 행복이나 즐거움을 느끼지 않는다. 대신 언제나 견실하고 냉정하게 현실을 받아들이며 보다 신중한 판단을 내린다. 그렇기에 우울증을 앓는 사람은 필요한 가치를 판단하는 능력 면에서 매우 뛰어난 사람들이다.

기본적으로 우리는 '내가 결정한 일은 잘 풀릴 것이다'라는 환상을 품고 살아가야 행복하게 살 수 있다. 하지만 취업이나 결혼처럼 인생의 중요한 갈림길에서 중대한 결정을 내려야 할 때는 오히려 우울증을 앓는 사람처럼 비판적이고 다소 냉정한 사고방식을 따르는 편이 더 현명하다.

한두 번의 시도만으로는 사물의 진실이나 참모습을 알아내기 어렵다. 또한 자신이 내린 결정이 항상 좋은 결과로 이어지리라는 보장도 없다. 그런 확률론적이고 통계적인 관점을 잊지 않아야 실패에 크게 좌절하지 않고 다시 도전할 수 있으며, 다른 사람의 조언에도 겸허하게 귀를 기울일 수 있다.

인생에서 중요한 결정을 내려야 할 순간에는 우울증 환자 특유의 사고방식에서 배울 점이 적지 않다는 사실을 기억하자.

행복과 불안은 언제나 짝을 이루고 있다

추락 공포

"당신은 얼마나 행복해지고 싶습니까?" 이런 질문을 받는다면 여러분은 뭐라고 답하겠는가? 아마도 대부분의 사람은 이렇게 말할 것이다.

"할 수 있는 한 최대한 행복해지고 싶습니다."

그렇다면 이번에는 조금 다른 질문을 해보자. "어떻게 해야 행복해질 수 있을까요?"

이 질문에는 어떤 일이 떠오르는가? 남들과 비교해 손색없는 직업과 연봉? 사랑하는 사람과의 만족스러운 결혼생활? 스트레스 없는 인간관계? 혹은 로또 당첨?

물론 이런 일들은 일시적으로는 확실한 기쁨을 안겨줄 수 있다. 하지만 사람의 심리는 생각보다 훨씬 복잡하고 미묘하다. 운 좋게 생긴 일이 항상 '행복감'으로만 이어지는 것은 아니다. 미국에서 실시된 스트레스 연구에 따르면 승진이나 결혼, 큰 수입 같은 빛나는 성취는 기쁨뿐만 아니라, 동시에 상당한 스트레스를 유발한다는 사실이 밝혀졌다.

심리학에서는 사람이 느끼는 스트레스의 강도를 지진 강도에 비유해 '스트레스 지수 stress magnitude'(그림 5)라고 부른다. 이 지수를 바탕으로 스트레스 요인의 강도를 1부터 순위별로 나열한 독특한 형태의 그래프가 그림 5이다. 이 그래프를 보면 기쁨과 스트레스가 얼마나 밀접하게 얽혀 있는지 한눈에 알 수 있다.

배우자의 죽음이나 친구와의 트러블처럼 누가 봐도 고통스러운 비극뿐 아니라 결혼, 승진, 거금 획득 등 기쁘고 경사스러운 사건들 역시 10위권 안에 속해 있다. 이런 일들은 본래라면 행복의 정점을 느끼기에 충분한 사건들이다. 그럼에도 불구하고 동시에 큰 스트레스를 유발한다니, 이건 도대체 어떻게 된 일일까?

`그림 5` **스트레스 지수**

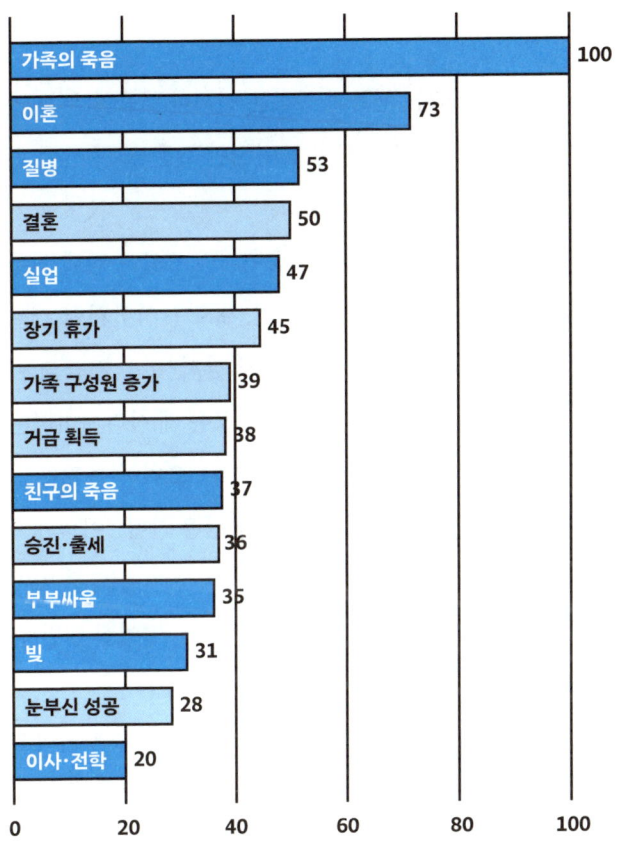

스트레스는 보통 가족의 죽음, 이혼, 질병, 실업 등과 같은 부정적인 사건에서 비롯된다고 생각하기 쉽다. 하지만 결혼이나 장기 휴가, 승진이나 출세처럼 언뜻 보기에는 긍정적이고 행복한 사건들 역시 스트레스를 유발할 수 있다.

성공을 두려워하는 마음 뒤에
숨겨진 것

사실 우리가 느끼는 행복과 공포는 언제나 짝을 이루고 있다. 서로 반대되는 감정처럼 보이지만 실은 늘 동시에 존재한다.

예를 들어 오랜 시간 바라던 꿈이나 목표를 마침내 이루었을 때를 떠올려보자. 승진, 합격, 새로운 시작처럼 간절히 원했던 순간이 찾아오면, 기쁨도 잠시 '혹시 지금의 이 위치를 다시 잃게 되면 어쩌지?', '이 모든 게 사라져버리는 건 아닐까?' 같은 불안과 망상이 밀려와, 오히려 목표를 향해 달려가던 시절보다 더 큰 혼란을 겪곤 한다. '이렇게까지 잘 풀려도 괜찮은 걸까?', '이제 더 이상 좋은 일은 일어나지 않겠지. 그렇다면 앞으로는 나락으로 떨어질 일만 남은 건 아닐까?'

<u>우리는 뜻밖의 행운이나 요행을 마주할수록 무의식적으로 예기불안을 느끼고, 일어나지도 않은 불행을 미리 걱정하며 연일 가슴을 졸인다.</u> 특히 이런 추락에 대한 공포는 특히 여성에게서 더 두드러지게 나타난다.

다이어트와 스트레스의 관계를 조사한 연구에 따르면,

체중이 순조롭게 줄어드는 동안에는 오히려 스트레스가 그리 크지 않다. 식이 제한을 하는 중임에도 불구하고 스트레스가 높지 않다는 건, 아마도 '몇 킬로그램 감량'이나 '군살 없는 날씬한 몸매'라는 꿈을 좇는 동안에는 목표에 대한 열정과 기쁨이 식이 제한의 고통을 상쇄하기 때문일 것이다.

문제는 그다음이다. 목표 체중에 도달하고 그 상태를 유지해야 하는 단계에 접어들면 그 시점부터 갑자기 스트레스 수치가 하늘 높은 줄 모르고 치솟는다. 꿈에 그리던 몸매를 가졌으니 마땅히 행복하고 만족스러워야 할 것 같지만 현실은 다르다. 목표 달성 이후가 더 불안하다.

실제로 다이어트에 성공한 뒤 섭식 장애를 겪는 여성은 셀 수 없이 많다. 그중에는 단 몇백 그램만 체중이 늘어도 '또 이렇게 살이 찐 거야. 어떡하지' 하며 눈물을 흘리거나 괴로워하는 사람도 있다. 다이어트 성공이라는 성취 뒤에는 언제든 다시 원래대로 돌아갈 수 있다는 '요요현상'의 공포가 늘 짝을 이룬다. 이처럼 **행복과 불안은 양면의 동전처럼 한 감정이 고개를 들 때 다른 하나도 함께 모습을 드러낸다.**

돈이 많아도 스스로를
옭아매는 사람들

책을 쓰는 김에 솔직하게 털어놓자면, 내게 상담을 받으러 오는 내담자들의 평균 연봉은 대체로 두 부류로 나뉜다. 하나는 연봉 약 300엔대, 또 하나는 2,000만 엔대다. 현대 일본 사회의 극심한 양극화를 보여주는 두 층위다. 그런데 이 두 집단에 속한 사람들이 유독 스트레스를 강하게 호소한다는 사실은, 소득 수준과 스트레스 지수에 적지 않은 관련성이 있음을 시사한다.

생각해보면 저소득층에 스트레스가 많다는 건 어쩌면 당연한 일일지 모른다. 일이 뜻대로 풀리지 않거나 스스로에 대한 자신감이 흔들리는 상황이 반복되기 때문이다. 하지만 이상하게도 고소득층에서도 상담 요청이 끊이지 않는다. 연봉 2,000만 엔이라면 직장인 중에서도 손꼽히는 대우를 받는 것일 텐데, 왜일까? 아마도 '지금의 위치에서 미끄러지면 어쩌지' 하는 추락에 대한 공포가 그만큼 크기 때문일 것이다.

실제로 고소득층일수록 일이 조금만 틀어져도 '이제 글렀어. 나도 곧 가난뱅이가 될지도 몰라' 하며 극심한 불안을 호소하는 경우가 적지 않다. 이런 추락에 대한 과도한 공포를 정신의학에서는 '빈곤 망상'이라 부른다. 이는 우울증의 초기 증상 중 하나로, 경제적 여유와 사회적 지위를 갖춘 사람들조차 늘 이 빈곤 망상과 싸우며 살아간다.

주변의 부러움과 선망을 한 몸에 받는 위치일수록 작은 실수도 크게 두드러진다. 노력으로 쟁취한 상류층의 삶이 오히려 하나만 삐끗해도 나락으로 갈지 모른다는, 벼랑 끝 같은 심리적 압박으로 다가오는 것이다. 왠지 모르게 서글픈 현실이다.

30% 부족해서
오히려 더 행복하다

그렇다면 사람은 어느 정도의 행복을 가장 편안하게 느낄까? 이와 관련해 흥미로운 연구 결과가 있다. 30대 여성 주부들을 대상으로 일상생활에 대한 만족도를 조사한 연구에서 가장 높은 행복감을 보인 그룹은 어머니의 삶을 100으로 보았을 때, 자신의 현재 생활에 대한 만족도를 '70%'라고 답한 사람들이었다.

어머니는 많은 여성에게 삶의 기준점이자 이상적인 삶의 상징이 되는 대상이다. 그 기준에 어느 정도는 도달했지만 아직 완전히 이르지 않은, 다소 부족한 상태의 만족감. 그것이 오히려 가장 큰 행복을 느끼는 조건이었다는 점은 매우 흥미롭다.

하지만 적당한 행복을 유지한다는 건 실제로는 매우 어려운 일이다. 왜냐하면 인간의 본능은 언제나 더 많은 것, 더 높은 곳, 더 아름답고 더 성공적인 삶을 갈망하도록 설계되어 있기 때문이다. '나의 롤모델 또는 삶의 지향점이 되는 사람보다 500% 더 아름답고 성공적인 삶', '700% 더 출세하고 싶은 삶' 같은 비현실적 욕망조차 우리 안에서는 쉽게 자라난다. 만약 향상의 가능성이 보인다면 누구나 그 한계까지 도전해보고 싶어 한다. 결판을 보고 싶어 하는 것. 그게 바로 인간이라는 존재다.

그러니 이 모든 걸 곰곰이 따져 보면, 우리는 늘 괴로운 딜레마에 빠져 있다는 사실을 알 수 있다. 딜레마가 생기는 이유는 간단하다. <u>성공하고 싶은 욕망은 뜨겁지만 정작 원하는 바를 이루고 나면 고생 끝에 얻은 것들을 잃을까 봐 불안해진다. 결국 우리는 항상 이런 모순 속에서 살고 있는 셈이다. 복잡하고 어려운 문제다.</u> 간신히 손에 넣은 성공이라면 아무것도 두려워하지 않고 당당하게 누리고 싶을 것이다. 그렇다면 그런 삶을 위해 우리는 어떤 사고방식을 가져야 할까?

여러 개의 정체성이
나를 지킨다

사실 어떤 일을 최고 수준까지 추구하면서도 그것을 잃게 됐을 때 공포를 느끼지 않을 방법이 하나 있다. 바로 자신 안에 여러 개의 페르소나를 준비해두는 것이다.

'페르소나persona'는 원래 연극에서 배우가 착용하는 가면을 말한다. 심리학 용어로는 사회적 역할이나 타인 앞에서의 나를 가리키는 개념이다. 영어로 말하던 캐릭터에 가깝다. 즉, 한 사람이 자신의 내면에 여러 개의 캐릭터를 지니고 있고, 상황에 따라 그것을 자연스럽게 오가는 것이 좋다는 말이다.

예를 들어보자. 직업이 '의사'인 한 남성이 있다고 하자. 그런데 그가 출퇴근할 때도, 친구를 만날 때도, 집에 돌아가서도 그리고 혼자 있는 시간에도 의사라는 정체성 하나만을 고수한다면 그는 매우 위험한 상태에 놓인 셈이다.

임상과 연구에 몰두하고 의학박사를 거쳐 의국장, 교수, 병원 개업, 억대 연봉까지. 말 그대로 의사의 전형적인 성공 경로를 따라 정상에 오른 사람이라 해도, 그 순간부터 그의 정신은 위태로워질 수 있다. 왜냐하면 그는 오직 의사라는 하나의 페르소나에만 자신을 걸었기 때문이다. 이런 사람에게 작은 실수 하나는 곧 모든 것을 잃는 치명적인 사건처럼 다가온다. 그래서 그는 높은 확률로 빈공 망상과 싸우기 시작한다. **심리학적으로 보면 자신의 정체성을 지탱할 다른 페르소나가 없어, 의사라는 정체성에 금이 가면 더는 도망칠 곳이 없다. 실패는 곧 사면초가로 이어진다.**

반대로 병원에서는 의사답게 냉철하게 처신하더라도 집에 돌아오면 다정한 아빠로, 부인과 있을 때는 연인을 지키는 기사처럼, 친구와는 유쾌하게 노는 동네 이웃처럼 지내는 사람이 있다. 그렇게 '의사', '아버지', '남편' 때로 '노래방 마니아', '만화광' 등 다양한 페르소나를 자유롭게 넘나드는 사람이라면 이야기가 다르다.

그런 사람은 자신을 궁지로 내모는 일을 하지 않는다. 직업에서 실패했다고 해서 인생 전체가 무너지는 일도 없다. 오히려 직업적 성공이 자아실현의 전부가 아니라는 사실을 자연스럽게 받아들인다. 의사로서의 작은 실패가 아버지로서의 행복, 남편으로서의 안정까지 무너뜨리지는 않는다. 이 사실을 잘 이해하고 있는 사람은 실패를 과도하게 두려워하지 않고 성공에서 얻은 행복도 있는 그대로 만끽할 수 있다.

나는 과거에 잡지 대담 코너를 진행하며 전문직에 종사하면서 동시에 연예인이나 자문위원 등 여러 분야에서 활동하는 사람을 만나본 적이 있다. 그들은 공통적으로 자기 삶에 당당했다. 그 모습을 보며 다시금 깨달았다. <u>여러 개의 페르소나를 지닌 삶의 방식이야말로 스트레스로부터 자유로운 삶이라는 사실을.</u>

2장

'쩨쩨한 뇌'와 '심술 궂은 뇌'에 속지 않는 심리 기술

왜 상사는 자신의 험담만 쏙쏙 골라 들을까

칵테일파티 효과

술자리에서 상사가 멀찍이 앉아 있길래 안심하고 험담을 살짝 내뱉었는데, 그 순간 상사가 나를 째려본다. 이런 경험, 누구나 한 번쯤은 해봤을 것이다. 반대로 누군가가 내 이야기를 하는데 멀리 있는데도 신기하게 귀에 쏙쏙 들어왔다는 일도 흔하다. 이른바 쓸데없이 '귀 밝은 사람'이다.

사실 이 쓸데없이 밝은 귀는 청력의 문제가 아니다. 이런 현상은 누구에게나 나타나는 '칵테일파티 효과$^{cocktail\ party\ effect}$'(그림 6) 때문이다. 칵테일파티처럼 시끌벅적한 장소에서도 자신에 대한 이야기만은 또렷하게 들린다는 의미에

그림 6 **칵테일파티 효과**

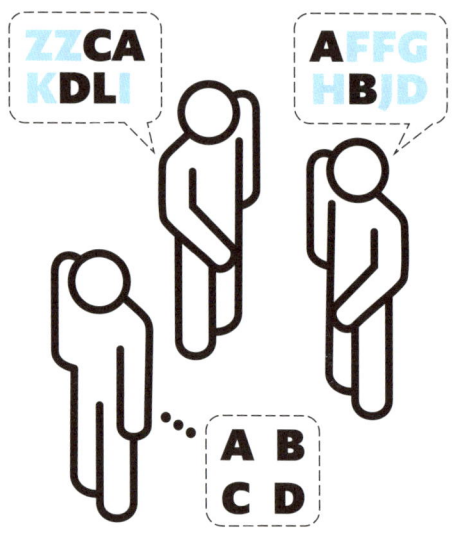

파티처럼 떠들썩한 환경에서도 자신과 관계된 정보(목소리), 예를 들어 내 험담, 내 관심 분야, 내가 잘 아는 분야 등은 귀에 더 또렷하게 들린다.

서 붙은 이름이다.

 사실 우리의 귀는 마이크나 스피커처럼 객관적인 장비가 아니다. 자기 자신과 관련된 정보를 무의식적으로 선별해 듣는 경향이 있기 때문이다. 물론 나쁜 소문이나 험담에만 국한되는 현상은 아니다. 자신이 흥미를 느끼는 분야, 익숙한 이야기에도 귀가 쫑긋 세워지며 정보를 더 적극적으로 받아들이게 된다.

하지만 잘 생각해보면 이는 상당히 비합리적인 정보 습득 방식이다. 이미 알고 있는 내용보다 전혀 몰랐던 새로운 정보가 오히려 더 많은 지식과 가능성을 열어주기 때문이다. 그렇다면 왜 인간은 굳이 이미 알고 있는 사실을 더 깊이 알려고 하는 걸까?

사실 이 현상의 메커니즘은 뇌의 작용과 깊은 관계가 있다. 인간은 두뇌 전체의 5%도 제대로 사용하지 않는다는 설이 있다. 그만큼 우리의 뇌는 새로운 정보를 받아들이는 데 매우 소극적이다. 왜냐하면 인간의 뇌는 최소한의 에너지를 써서 최대한 효율적으로 작동하려는 성질을 갖고 있기 때문이다. 쉽게 말해 굉장히 '쩨쩨한' 존재인 셈이다.

인지심리학에서는 이처럼 에너지를 아끼려는 뇌의 특성을 '뇌의 절약 원리'라고 부른다. 나는 이를 좀 더 친근하게 '쩨쩨한 뇌'라고 표현하곤 한다.

뇌는 적은 에너지로
최대의 효율을 추구한다

우리 뇌는 자신에게 중요한 정보만 선별해 수집하려 한다. 주변 사물을 두루두루 기억하지 않고 오직 자신과 관련된 일에만 신경을 곤두세운다. 쓸데없이 귀만 밝은 사람처럼 보이는 칵테일파티 효과가 나타나는 이유도 바로 이러한 뇌의 '쩨쩨한' 작동 메커니즘 때문이다.

예를 들어 누군가 취미를 물었을 때, "여행이랑 연극 감상, 수학, 마라톤, 뜨개질 그리고 슬롯머신까지요"처럼 다양한 항목을 두서없이 늘어놓는 사람은 드물다. 대부분은 "독서와 음악 감상이에요"처럼 서로 관련 있는 몇 가지를 묶어 말한다.

두뇌의 여러 부위를 골고루 활용하면 다양한 분야에서 한층 박식해질 수 있다. 그러나 하나의 분야를 깊이 파고드는 방식이 뇌의 절약 원리에 더 부합한다. 뇌는 가능한 한 적은 에너지로 최대의 효율을 추구하기 때문이다.

결국 '마니아'는 결코 별난 사람이 아니다. 자신만의 '쓸데없이 밝은 귀'를 따라 흥미 있는 분야의 정보만을 집중적으로 수집해온, 매우 자연스러운 인간의 모습이다.

우리는 흔히 마니아라고 하면 게임이나 만화에 광적으로 몰두한 사람을 떠올리곤 한다. 그러나 조금만 시야를 넓히면 절약에 골몰하는 직장인은 절약 마니아, 새로운 트렌드에 민감하고 잘 받아들이는 젊은 여성은 트렌드 마니아다. 남성 중에는 운동 마니아도 많은 듯하다. 이런 책을 쓰고 있는 나 역시 심리학 마니아다. 즉, 세상은 마니아로 가득하다. 인간은 본래 아주 좁은 영역의 지식에만 깊이 통달하도록 설계된 존재다.

자기애가 위협받을 때
'심술궂은 뇌'가 작동한다

앞서 살펴본 칵테일파티 효과에 관련된 흥미진진한 실험이 있다. 미국에서 시행한 선거 연설 실험으로, 심리학계에서는 꽤 유명하다. 실험 내용은 다음과 같다. 피험자들에게 지지하는 정당과 그렇지 않은 정당의 후보자 연설을 모두 들려주고 연설에 대한 이해도, 집중도, 기억력을 비교했다. 피험자들에게는 두 연설을 골고루 기억하라는 지시가 있었다.

그런데 실험 결과에는 칵테일파티 효과가 분명하게 드러났다. 피험자들은 자신이 지지하는 정당의 연설에 압도적으로 집중했고 그 내용도 잘 기억했다. 반면 비지지 정당의 연설은 거의 기억하지 못했다.

이 실험을 종교로 바꾸어도 결과는 마찬가지였다. 사람들은 자신이 믿는 종교의 설교는 잘 기억하면서 다른 종교의 설교는 거의 떠올리지 못했다.

이러한 실험 결과는 단순히 자기 관련 정보에 귀가 밝은 칵테일파티 효과를 넘어선다. 즉, 우리 인간은 자신의 신념이나 철학에 반하는 이야기는 일부러(무의식적으로) 들으려 하지 않고 그것을 이해하는 것조차 어려워한다. 이쯤 되면 '쩨쩨한 뇌'를 넘어 '심술궂은 뇌'라고 부를 만하다.

이 현상의 밑바탕에는 '자신의 생각을 바꾸고 싶지 않다', '자아를 긍정하고 싶다'는 인간의 본능적인 자기애(에고이즘)가 깔려 있다. 바로 이 자기애 때문에 사람은 자신과 관련된 주제, 특히 자기애가 위협받을 만한 일에는 지나치게 신경을 곤두세우고, 반대로 관련 없는 내용에는 무관심하거나 배타적으로 반응한다.

이러한 자기애의 점검 기능을 잘 보여주는 실험이 있다. 대학 문학부 소속 학생 수십 명에게 특정 작문을 읽게 한 뒤, 글의 수준을 평가하게 했다. 단 절반의 학생에게는 '이 작문은 공학부 학생이 쓴 것'이라고 하고, 나머지 절반에게는 '같은 문학부 학생이 쓴 것'이라고 사전에 알려주었다. 그러자 공학부 학생이 썼다고 들은 그룹은 대체로 그 작문을 높이 평가했다. 반면 같은 문학부 동기라고 들은 그룹은 혹평을 쏟아냈다. '설득력이 전혀 없다', '글쓴이의 감정이 느껴지지 않는다' 등 신랄한 비판이 이어졌다. 같은 글을 읽고도 사전 정보에 따라 평가가 극단적으로 달라진 것이다.

이 차이는 바로 자기애의 술수다. 라이벌 의식이 생기면 우리는 엄격한 잣대를 들이대 상대의 허점을 찾아내려 하고 자신의 우위를 확인하고 싶어 한다. 이 과정에서 정보 처리에 왜곡이 생긴다. 이른바 '심술궂은 뇌'가 작동하는 순간이다.

이 실험도 결국 칵테일파티 효과와 같은 맥락이다. 사람은 자신과 관련된 주제에만 과도하게 관심을 기울이는 존재다.

자기애의 껍질을 깨면
변화가 시작된다

라이벌의 이야기를 차분하게 듣는 사람은 많지 않을 것이다. '라이벌'이라는 말만 들어도 괜히 상대가 의식되고 지고 싶지 않다는 경쟁심이 슬며시 치솟는다.

하지만 바로 그런 신경 쓰이는 라이벌의 이야기를 얼마나 침착하게 받아들일 수 있는가가 한 사람의 성장과 변화의 열쇠가 된다. 자기애가 상처받을까 봐 도망치지 않고, 상대와 정면으로 마주할 수 있는 사람, 바로 그런 사람이 결국 더 단단해진다.

사실 나 역시 비슷한 또래의 심리학자나 상담 전문가와 이야기하는 일이 썩 내키지 않는다. 괜히 위협받는 기분이 들고, 나보다 잘났다는 생각에 자신감이 꺾일까 두렵다. 하지만 그런 마음을 억누르고 대화를 시도하면 반드시 새로운 정보와 시각을 얻게 된다. 그래서 나는 의식적으로 용기를 내 심리학회나 상담 사례 모임에 참석하며, 위협적으로 느껴지는 사람들과 기꺼이 부딪히려 애쓴다. 심술궂은 뇌에 맞서는 것, 그것이야말로 더 나은 삶을 만드는 핵심 전략이다.

이것을 증명하는 흥미로운 조사도 있다. 영업사원의 행동과 성과를 비교한 연구에서 우수한 성과를 내는 사원일수록 동종 업계 사람들과 자주 식사를 하며 교류했다는 사실이 드러났다.

동종 업계 타사의 직원과 함께 밥을 먹는다는 건 심술궂은 뇌 입장에서는 완전히 가시방석이다. 실제로 아주 소수의 영업사원만이 라이벌과 꾸준한 인간관계를 유지했다. 그러나 그들은 점심이나 저녁 시간을 귀중한 정보 교환의 장으로 활용하며 끊임없이 지식을 갱신하고 타인과의 차이를 벌려나갔다. 대부분의 사람이 꺼리는 일일수록 약간의 용기만 낸다면 한발 앞서 나갈 수 있다.

심술궂은 뇌에 굴복하지 말자. 쩨쩨한 뇌에 지지 말자. 여유롭고 유연한 마음으로 우리 두뇌를 충분히 활용해 더 나은 삶을 만들어가자!

첫 만남의 호감이 오래
지속되지 않는 이유

허위 기억 증후군

사람을 선택하는 일은 생각보다 훨씬 어렵다. 친구, 연인, 회사의 인사, 취업 면접 등 우리의 일상은 다양한 방식으로 누군가를 고르고, 또 선택받는 과정의 연속이다. 하지만 막 관계를 시작한 두 사람이 금세 멀어지거나, 여러 번 고민 끝에 채용한 신입사원이 기대에 못 미치는 경우처럼, 예상과 다른 결과에 실망하는 일도 흔하다.

   중요한 선택인 만큼 실망스러운 결과를 마주했을 때 그저 기분 탓이라고 넘기긴 어렵다. 이처럼 만남 이후 실망하게 되는 심리적 메커니즘 속에는 어떤 비밀이 숨어 있을까?

그 비밀을 밝히기 전에 먼저 한 가지 질문을 해보자. 사람은 상대방에 대한 평가를 '언제' 내릴까? 첫인사를 나눌 때? 막 헤어졌을 때? 아쉽지만 모두 오답이다.

사람은 상대방을 만나고 인상을 입력해 뇌에 일정 기간 저장해둔다. 이런 과정에는 연속성이 있다. 그리고 시간이 지나 문득 '그 사람, 어떤 사람이었지?' 하는 생각이 들면 비로소 그 인상을 꺼내어 평가를 내린다. 즉, <u>사람을 본다는 건 '입력→보관→출력'이라는 3단계를 거치는 복합적인 과정이다.</u>

억지로 떠올린 기억은
거짓말을 한다

문제는 이 '아웃풋(출력)' 단계에서 착각이 빈번하게 일어난다는 점이다. 이와 관련해 심리학에서는 '허위 기억 증후군false memory syndrome'(그림 7)이라는 개념을 사용한다. 여기서 '폴스(false)'란 말 그대로 '거짓된 기억'을 말한다.

이 현상은 특히 미국에서 상당히 큰 사회적 문제로 대두

그림 7 허위 기억 증후군

허위 기억 증후군을 도식으로 나타냈다. 진정한 의미의 '본다'는 행위는 '본' 순간이 아니라 '본' 사실이 보존되어, 그 보존된 '본'사실을 떠올린 상태에야 비로소 '본' 것이 된다. 이 기억을 떠올리는 순간에 착각이나 거짓이 일어난다고 한다.

된 바 있다. 유소년기의 학대나 성적 폭력 사건을 둘러싼 재판에서 기억에 없던 일을 실제로 일어난 것처럼 '잘못 기억한' 사례가 빈발했기 때문이다. 억울하게 고소를 당한 이들이 모여 '허위 기억 증후군 피해자 모임'을 결성하기도 했다. 이렇게 괴롭고 충격적인 사건을 착각할 수 있다니 기묘한 이야기다. 그런데 놀랍게도 이 허위 기억을 만들어낸 주된 원인 중 하나가 기억을 되살리기 위해 실시한 심리 상담이라는 주장이 제기되었다. 어떻게 된 일일까?

한때 심층 심리 분석과 최면요법은 심리 상담의 주류였다. 푹신한 소파에 기대 앉아 눈을 감고 과거의 상처로 남은 기억을 불러내는, 드라마나 영화에서 자주 등장하는 바로 그 장면이다.

그러나 이 최면요법은 종종 사실이 아닌 착각을 만들어낸다. 일어나지도 않은 일을 마치 경험한 것처럼 기억하거나, 오히려 중요한 체험을 전혀 떠올리지 못하는 경우가 잦았다. 기억이 왜곡된 이유는 기억을 억지로 끌어올리려는 과정에서 다른 기억이 뒤섞이거나 왜곡되었기 때문이다. 그 결과 상담자조차 무엇이 진실이고 무엇이 허위인지 헷갈릴 정도로 혼란이 발생하게 된다.

심리 상담 선진국인 미국에서 이 문제가 특히 자주 나타났다는 점을 미루어보면, 이 상담 자체가 허위 기억을 유발하는 원인이 되었을 가능성도 무시할 수 없다. 그런데 이 최면요법적인 상담 치료에서 또 다른 큰 문제가 발생했다.

사람이 극도로 괴로운 체험을 하면 뇌는 그것을 자신의 경험이 아닌 남의 일로 처리하려는 경향이 있다. '이 상황에 처한 건 내가 아니다. 그러니까 이건 내 문제가 아니다'라고 뇌가 제멋대로 착각하는 것이다.

이런 기억의 왜곡은 인간이 가진 자연스러운 방위 반응이지만, 그 결과 마음속에 '또 하나의 나'라는 개별 인격이 생겨나기도 한다. 이로 인해 해리성 인격장애(다중 인격장애) 같은 정신질환이 나타날 수 있다는 우려도 있다.

이처럼 과거의 체험을 상기시키는 최면요법은 잘못 다루면 오히려 문제를 악화시킬 수 있다. 따라서 상당한 전문적 지식과 임상 경험을 갖춘 분석의가 아니면 쉽게 시행해서는 안 된다. 실제로 현재 심층 심리 분석은 일반 병원에서 잘 사용되지 않으며, 최근에는 과거를 파헤치는 대신 '현재의 자신'에 초점을 맞춘 상담 요법이 주류를 이루고 있다.

약간 이야기가 옆길로 샜는데, 요약하면 '잘못된 평가'로 이어지는 왜곡된 기억은 처음 인상(입력)보다 기억을 꺼낼 때(출력) 더 자주 발생한다. 게다가 혼자 기억을 떠올릴 때보다 여럿이 함께 떠올릴 때 이러한 오류는 더욱 빈번하게 일어난다. 사람을 판단할 때, 특히 기억을 토대로 평가할 때 우리는 언제든 착각에 빠질 수 있다. 그렇기에 처음 인상만으로 판단하기보다는, 시간이 지난 후에도 신중하고 유연하게 상대를 평가할 수 있는 시선을 가져야 한다.

미팅 뒤풀이는 반드시 혼자서 해라

여성들은 미팅이 끝난 뒤 뒤풀이를 겸해 품평회를 여는 경우가 많다. 그날의 거사(?)에 대해 재잘재잘 수다를 나누는 이 자리는 사실 허위 기억 증후군의 온상이다.

"맨 오른쪽 끝에 앉았던 남자, 어땠어?" 누군가 이렇게 이야기를 꺼낸다. "요새 누가 그런 한물간 손가방을 들고 다녀?", "그러고 보니 얼굴도 별로였잖아."

이런 식으로 이야기는 점점 부정적인 방향으로 확대되고 결국에는 만장일치로 촌스러운 남자라는 결론이 내려진다. 실제로는 꽤 괜찮은 사람이었을지 모르는데 말이다. 안타까운 일이다. 물론 그 반대도 있다. 누군가 "그 사람 정말 괜찮았어"라고 강하게 주장하면 실물 이상으로 좋은 평가가 내려지기도 한다.

이런 일련의 과정은 비단 미팅 뒤풀이에만 국한되지 않는다. 여럿이 함께 어떤 사람을 떠올리거나 평가할 때는 필연적으로 주고받는 대화가 개입하게 마련이다. 다음은 이를 잘 보여주는 유명한 실험이다.

자동차끼리 충돌하는 사고 영상을 두 그룹의 피험자에

게 보여주고, 충돌 당시의 시속을 맞춰보게 했다. 각 그룹의 조건은 동일했으나 질문 방식에 단 한 가지 차이를 두었다.

그룹 A에는 이렇게 물었다. "자동차가 충돌(hit)했을 때의 시속은 어느 정도였을까요?"

그룹 B에게는 이렇게 물었다. "자동차가 격돌(clash)했을 때의 시속은 어느 정도였을까요?"

'clash'는 'hit'보다 언어적으로 더 과격한 느낌을 준다. 그 결과 A 그룹은 "시속 60킬로미터 정도"라고 대답한 반면, B 그룹은 "120킬로미터 정도 된 것 같아요"라고 답했다. 똑같은 영상을 본 두 그룹이 전혀 다른 속도를 추측한 이유는 바로 언어의 차이에 있었다.

또 다른 실험도 있다. 어느 한 가족의 하루를 촬영한 비디오를 피험자들에게 보여주고 다양한 질문을 던졌다. 아이의 이름, 아버지의 머리 모양, 어머니의 나이 등등. 그 가운데 이런 질문을 슬쩍 끼워 넣었다.

"비디오에 나온 가족이 기르던 개는 어느 정도 크기였나요?"

실제로는 개는커녕 개 비슷한 동물조차 기르지 않았고 당연히 비디오에도 등장하지 않았다. 상식적으로 생각하면 바로 알아차릴 만한 함정이다. 그러나 많은 피험자들이 "음, 제 기억에는 중간 크기의 개였던 것 같은데……"라며 얼버무렸다!

이들 실험이 보여주는 사실은 명확하다. <u>인간의 기억은 '기억을 끌어내는 언어'에 의해 매우 쉽게 왜곡될 수 있다는 것. 즉, 여럿이 모여 대화를 나누며 누군가를 회상하는 일은 '기억의 왜곡'이라는 늪지대로 스스로 걸어 들어가는 셈이다.</u> 그러니 그 결과로 사람을 잘못 선택하게 되는 건 어찌 보면 당연한 수순이다.

착각, 과대평가, 어긋난 기대……. 이러한 기억의 오류를 막기 위해서는 적어도 여럿이 대화하며 기억을 떠올리는 행위는 피해야 한다. 상담을 통해 타인의 해석을 덧붙이는 방식도 미찬가지로 위험하다.

이를 회사의 신입사원 채용에 대입해보자. 대부분의 회사는 함께 상의하는 방식으로 채용 결정을 내린다. 이 과정에서 신입사원에게 어긋난 기대를 갖게 된다. 바로 이 메커니즘이 '기대한 만큼이 아닌 인물'에 대한 실망, 즉 기대 이하의 신입사원이 양산되는 주된 이유다.

그러므로 다시 말하지만 미팅이나 면접, 소모임 등 낯선 사람과 함께한 경험은 반드시 혼자 돌아보는 시간이 필요하다. 허위 기억에 휘말려 인연이 될 만한 사람을 놓치지 않도록, 그리고 착각에 빠져 잘 맞지 않는 사람을 과대평가하지 않도록 말이다.

아니 땐 굴뚝에서 모락모락
피어오르는 '말'

언어적 은폐

학창 시절, 한 반에 꼭 한 명쯤은 수업 시간의 모든 내용을 꼼꼼하게 필기하던 친구가 있었다. 시험이 다가오면 다들 그 노트를 빌리려 애썼지만, 정작 그 노트 주인의 성적이 항상 우수했던 것은 아니다.

회사 회의에서도 마찬가지다. 고개를 끄덕이며 열심히 메모하던 사람이 정작 나중에 이야기를 해보면 회의 내용을 제대로 파악하지 못해 모두를 놀라게 하는 일도 흔하다. 왜 이런 일이 벌어질까?

수업 시간에 필기를 하거나 회의 중 메모를 하는 행위는 손을 움직이며 생각을 정리하는 과정이라, 이해와 기억을 돕는 듯 보인다. 확실히 공식이나 연대, 연락처, 일정 같은 '객관적 사실'은 명확히 기록하지 않고 멍하니 듣기만 하면 금세 잊어버리기 쉽다.

하지만 그렇다고 해서 모든 내용을 빠짐없이 적기만 하면 안심일까? 그리 단순한 문제가 아니다. 그 자리에서 무조건 언어화된 메모는 오히려 이해도를 떨어뜨리기도 한다. 메모를 잘하는 사람이 반드시 공부를 잘하는 건 아닌 이유가 여기에 있다.

순간의 감정을 성급하게 말로 규정짓지 말 것

메모가 오히려 이해를 떨어뜨릴 수도 있다는 말일까? 그렇다면 우리는 어떻게 해야 할까?

핵심은 '주관적 사실'은 곧바로 언어화하지 말라는 점이다. 강의를 들으며 그 자리에서 떠오른 감정, 싹튼 인상, 개인적인 의견 등은 즉시 메모하지 말고 마음속에 잠시 남겨두는 것이 더 깊은 이해로 이어질 수 있다.

대학생의 노트를 보면 객관적인 정보와 주관적인 느낌이 뒤섞여 있는 경우가 많다. 어떤 학생의 노트는 항상 빽빽하게 객관적 사실과 주관적 인상이 뒤범벅되어 있다. '이 부분 중요!', '시험에 나온다☆', '좀 신기!' 같은 메모를 귀여운 그림문자와 함께 다채로운 색의 필기구로 적어놓는다. 본인 입장에서는 열심히 공부하는 것처럼 느껴지겠지만, 심리학자의 입장에서 보면 오히려 추천하고 싶지 않은 방식이다.

왜일까? 손을 움직이기 바빠 이야기를 흘려듣게 되니까? 그렇지 않다. 이유는 단순히 집중을 방해해서가 아니다. 감정을 곧바로 언어화해버리면 마음 깊숙이 자리한 진짜 감정에 도달하기 어려워진다. 의외인가? 그러나 이 부분이 가장 중요하다.

예를 들어 '좀 신기!'라는 메모를 남긴 여학생은 아마도 그 순간 어떤 위화감을 느꼈을지도 모른다. 그 감정은 단순한 호기심이 아니라, 더 깊은 사유로 이어질 수 있는 중요한 신호였을지 모른다. '신기하다'라는 얕은 수준의 감상으로 끝낼 성질의 생각이 아니었는지도 모른다.

그 위화감을 곧바로 언어화하지 않고 마음속에 남겨두면 나중에 복습할 때 더 깊은 통찰로 이어질 수 있다. '좀 더 자세히 알고 싶다'는 아쉬움, '나는 이렇게 생각하는데'라는 발견, 혹은 '이 교수님 사고방식은 나와 맞지 않는다'는 거부감일 수도 있다.

사람의 마음에는 여러 겹의 습곡이 존재한다. 그 깊이를 들여다보려면 시간이 필요하다. 그런데 순간의 감정을 성급히 말로 규정짓고 이름 붙여버리면, 그 감정은 얕은 표면만 드러내고 곧 사라진다. 결국 그 이상의 성장과 성찰에 제동을 거는 셈이다.

그러므로 머릿속을 스치는 감정을 곧장 말로 표현하고 그것만으로 이해했다고 생각하는 건 결국 자신에게 손해다. 메모할 때는 가능한 한 건조하고 간결하게 객관적 사실만 번호를 매겨 정리하자. 반면 감정과 인상 같은 주관적 사항은 즉시 언어화하지 말고 마음속에 남겨두자.

이처럼 언어화가 감각을 둔하게 만들고 본래 감정을 가리는 현상을 심리학에서는 '언어적 은폐verbal over-shadowing'라 부른다.

언어화보다
그저 느끼기

이 언어적 은폐를 보여주는 매우 흥미로운 사례가 있다. 세계적인 소믈리에들은 와인의 맛을 어떻게 기억할까? 조사에 따르면 그들은 와인을 마셨을 때 떠오른 심상(이미지)과 감각, 감상을 그 자리에서는 절대 언어화하지 않는다. 평균 수준의 소믈리에는 와인 감별 노트를 빼곡히 작성하지만, 일류 소믈리에는 노트 없이도 수백 종류의 와인을 구별할 수 있다.

맛의 미묘한 차이를 언어로 표현하거나 기록해두면 오히려 나중에 그 감각과 빈티지(포도의 수확 연도—옮긴이)를 정확히 연결하기 어렵기 때문이다. 자연스럽게 솟아난 와인에 대한 찬사를 언어로 고착시키기보다 두루뭉술한 그대로 내버려두면 나중에 더 정확히 떠올릴 수 있다고 한다.

또 절대음감 연구에서도 이와 같은 현상이 지적되었다. 일류 음악가와 작곡가는 '이 음은 이런 음이다' 또는 '이 곡은 이런 느낌이다'라는 식으로 언어화하지 않는다. 감정을 말로 표현하면 음악의 본질에 도달하기 어렵다는 것을 본능적으로 알고 있기 때문이다.

자연스럽게 솟아난 감정과 인상은 그 자리에서 굳이 말로 고정하지 않을 때 더 정확하게 떠올릴 수 있다. 예술가들이 이러한 원리를 경험을 통해 깨닫고 실천하는 이유다.

한편 이러한 원리를 응용한 상담 기법이 '포커싱 focusing (초점 부여)'이다. 가령 "상사 때문에 짜증이 나요"라고 하소연하는 사람에게 "그 짜증이라는 감정, 정말 제대로 된 감정일까요?"라고 되묻는 방법이다. 그러면서 일정 기간 동안 감정을 언어로 표현하지 않고 느낌 그 자체에 집중하게 한다.

이때 마음 깊은 곳에서 샘솟는 생생한 감각을 '펠트 센스 felt sense'라 부른다. <u>감정을 말로 규정하지 않고 그저 몸을 맡기고 느끼게 함으로써 사람은 스스로의 감정을 더 정확히 이해하게 된다.</u>

화난 순간 내뱉는 말은 본심이 아니다

지금까지의 이야기를 통해 언어적 은폐가 가진 함정을 이해했으리라 생각한다. 마음에 떠오른 감정은 바로 말로 하지 않는 편이 자신에게 득이다. 시간이 지나면 더 정확하고 진짜에 가까운 감정에 도달할 수 있기 때문이다.

그러나 그런 여유를 갖기 어려운 상황도 있다. 예를 들어 누군가와 말싸움이 벌어졌을 때다. 다툼이 생기고 감정이 격해지면 누구나 순간적으로 속사포처럼 말을 내뱉기 쉽다. 하지만 돌이켜보면 그때 내가 왜 그런 말을 했는지 스스로도 이유를 알 수 없어 고개를 젓게 되는 경우가 많다. 나 역시 한때 존경하던 선배와 말싸움을 벌이며 "정말 실망했습니다!"라고 외치고 연구실을 뛰쳐나간 적이 있다.

물론 진심은 아니었다. 털끝만큼도 그렇게 생각하지 않았다. 그 말은 내 마음의 본심과는 아무런 관계도 없었다. 그런 말을 한 자신이 부끄러웠고, 뒤늦게 크게 후회했다.

<u>화가 치밀어 오른 순간에 내뱉는 말은 대부분 언어적 은폐의 결정체다. 진짜 감정을 제대로 이해하지 못한 채, 지고 싶지 않다는 감정만 앞서 무작정 말을 내뱉는 것이다. 상대방도 마찬가지다. 분노와 슬픔을 빌어 나온 말은 본심과는 대체로 관계가 없다.</u> 그러므로 말싸움 도중에 "그게 네 본심이었구나!"라고 따지는 건 언어도단이다. 언쟁 중에 하는 말이 본심일 리가 없다. 자신의 감정을 정밀하게 언어화하는 일은, 특히 그런 상황(싸움 도중)에는 절대 불

가능하기 때문이다.

아니 땐 굴뚝에 연기 나랴는 속담이 있다. 그러나 감정은 때때로 '아니 땐 굴뚝'에서도 연기를 피워 올린다. 사람의 감정은 티끌만 한 불씨가 없는 곳에서조차 연기를 모락모락 피운다. 분노와 슬픔으로 마음이 혼란스러우면 전혀 생각지도 못한 말이 입 밖으로 튀어나온다.

상담 현장에서도 "이봐요, 내가 어떤 사람인 줄 알아요?"라며 버럭 화를 내는 사람을 종종 만난다. 그러나 그 말 역시 그 사람의 본심은 아니다. 아마 TV 드라마나 책에서 본 말이 순간적으로 입 밖으로 튀어나온 것뿐이다.

언어적 은폐는 순식간에 일어난다. 그 순간에는 자신의 진짜 감정을 볼 수 없지만 하룻밤만 지나면 자신을 냉정히 돌아보게 된다. 그렇다 해도 이미 내뱉은 말은 돌아오지 않는다. 다음 날 아무리 "그건 진심이 아니었어요"라고 말해도 상처 받은 사람은 쉽게 용서하지 않는다.

싸움을 했을 때일수록 감정을 말로 표현하고 싶은 충동을 참아야 한다. **최소한 하룻밤을 묵히는 것. 그 시간이야말로 언어적 은폐를 피해 진짜 감정에 도달할 수 있는 가장 현명한 방법이다.**

차남·차녀 중엔 왜
억센 잡초 같은 사람이 많을까

모델링 학습

요즘은 혈액형을 묻는 사람만큼 형제 관계를 짐작하는 이들도 많다. "오빠 있죠?", "여동생이 있을 것 같아요.", "왠지 장녀 같아요."

이 말에는 형제 순서가 사람의 성격과 깊은 관련이 있다는 직감이 담겨 있다. 사실 형제 관계와 한 사람의 정체성에는 밀접한 관계가 있다. 장남이나 장녀, 혹은 외동은 의젓하고 책임감이 강한 편이고, 차남이나 차녀는 눈치가 빠르다는 이미지가 널리 퍼져 있다. 형제 관계로 성격을 추측하는 것이 근거 없는 미신 같다고 여겨지는가?

이런 인식이 미신이나 편견처럼 들릴 수도 있지만, 심리학에서는 형제 관계와 성격의 연관성이 실제 존재하는 심리적 법칙으로 밝혀졌다.

눈치 빠른 성격은
이렇게 만들어진다

'모방은 창조의 어머니'라는 말이 있다. 이 말처럼 배움은 곧 모방이다. 인간은 태어난 직후부터 눈으로 본 것을 그대로 흉내 내는 데 매우 능하다.

놀랍게도 모방 능력을 발휘하는 시기는 생후 몇 시간도 지나지 않은, 아직 눈도 제대로 뜨지 못한 신생아 때다. 신생아를 안은 어른이 '도리도리 까꿍' 하고 능란하게 입을 놀리며 아기를 어르면 갓 태어난 아기 역시 작은 입을 달싹거리며 질 수 없다는 듯 혀를 움직이려 애쓴다. 갓난아기에게 이미 모방 능력이 갖추어져 있다니 정말 놀라운 일이다. 이처럼 인간에게 본능적으로 자리한 이 초기 반응을 '원초 모방'이라 부른다.

이 본능은 어른이 된 뒤에도 이어진다. 우리는 타인의

행동을 세밀하게 관찰하고 모방함으로써 새로운 기술과 능력을 익힌다. 심리학에서는 이러한 의도적이고 적극적인 모방을 '모델링 학습'이라 부른다. 누군가의 행동을 보고 따라 하고 그 요령을 훔쳐 내 것으로 삼는다. 이것이야말로 배움의 핵심이라 할 수 있다.

특히 어린 시절 형제 사이에서 모델링 학습이 매일같이 자연스럽게 일어난다. 차남이나 차녀는 태어나면서부터 형이나 언니라는 '모델'을 곁에 두고 살아간다. 눈치 빠른 성격은 모델링 예가 풍부한 상황 속에서 서서히 길러진다.

예를 들어 형이나 언니가 장난을 치다 엄마에게 혼나는 모습을 옆에서 본 차남이나 차녀는 '나는 저런 실수를 하지 말아야지'라고 배운다. 모방과 학습이 자연스럽게 일어나는 환경 속에서 자라다 보니, 차남이나 차녀는 타산지석 능력이 뛰어나고, 눈치가 빠른 성격으로 성장하는 경향이 있는 것이다.

어린 시절에는 이러한 모델링 학습이 특히 두드러지게 나타난다. 자신이 직접 혼나기보다 코앞에서 형제가 야단맞는 광경을 지켜보는 '대리 체험'은 종종 본인이 직접 겪는 것보다 더 강한 인상을 남긴다. 혼이 난 장본인은 다음 날 의외로 아무렇지 않게 행동하지만, 그 모습을 옆에서 본

동생은 오랫동안 잊지 못하고 조심하며 몸을 사리게 된다.

이처럼 형제가 있는 가정은 24시간 스릴 넘치는 모델링 학습의 장이라고 해도 과언이 아니다. 그러한 생육 환경에서 차남과 차녀는 사회성이 발달한 '얻어맞지 않고 배우는 사람'으로 자란다. 형제 구성은 자아 정체성과 깊은 관계가 있다. 이는 결코 비과학적인 속설이 아니다.

학창 시절 우등생이
사회에서 성적표를 잃는 순간

그렇다고 모든 학습에 모델링이 유효하냐고 물으면 반드시 그렇지만도 않다. 특히 수학이나 물리처럼 논리적 사고가 필요한 과목은 모델링만으로 배울 수 없다. 천재 소년이 수학 문제를 술술 푸는 모습을 곁에서 아무리 지켜봐도, 곁눈질만으로는 따라잡을 수 없다. 유능한 사람의 모습을 두 눈 부릅뜨고 관찰해봤자 그 능력을 모델링으로 계승할 수는 없다.

그렇다는 것은 아무리 모델링 능력이 뛰어난 눈치 빠른 사람이라도 학교 공부는 만만치 않다는 점을 시사한다. 얼렁뚱땅 요령만 훔친다고 되는 것이 아니다. 이런 과목은 교사에게 명확한 언어적 설명을 듣고, 스스로 이해하고 반복해야 습득할 수 있는 성질의 것이다.

따라서 학창 시절에는 사실 모델링 능력이 그다지 통용되지 않는다. 즉, 차남이나 차녀처럼 눈치 빠른 모델링형 인간에게도 학교 공부는 쉽지 않다. 실제로 장남이나 장녀가 학업 성적이 우수하고 최종 학력이 더 높은 경우가 많다는 통계도 있다. 오히려 참고서를 파고들며 스스로 꾸준히 끈기 있게 공부하는 유형이 학교에서는 더 유리하다.

그런데 사회에 나오면 상황이 단숨에 역전된다! 한 조사에 따르면 대기업 CEO나 성공한 사업가들 중에는 형제 많은 집안의 막내가 압도적으로 많았다.

학교에서 배운 지식, 이른바 '학교지^{學校知}'만으로는 통하지 않는 곳이 바로 사회다. 사회에서는 상사나 선배의 일을 찬찬히 관찰하고 그 요령을 스스로 익히는 능력, 즉 '세간지^{世間知}'가 훨씬 중요해진다. 설명을 잘 들어 이해하는 능력보다 눈치껏 분위기를 파악하고 따라 하는 능력이 더 크게 평가받는다. 그게 안 되면 센스 없는 사람, 분위기 파악 못하는 사람 취급을 받을 수도 있다.

독자 여러분도 이미 잘 알고 있으리라. 사실 직장 생활의 대부분은 모델링으로 이루어진다. 영업을 위한 세일즈 토크, 프레젠테이션 요령, 고객 불만 처리, 클라이언트 설득, 동료와의 협업 방식 등……. 이 모든 것은 책이나 설명서만으로는 절대 익힐 수 없는 영역이다. "그런 상황에서는 이렇게 하는 거야" 하고 말로 아무리 설명해줘도 딱 떨어지는 정답이 나오는 것은 아니다. 이럴 때는 선배나 상사의 대응을 직접 보고 따라 하며 배워가는 수밖에 없다. 현장에서 선배들의 노하우를 옆에서 보고 흉내 내며 몸으로 익혀야 비로소 한 사람 몫을 하게 된다.

그 점 때문에 사회에서는 모델링이 뛰어난 차남이나 차녀, 삼남, 삼녀가 사회생활에 더 빠르게 적응하는 편이다. 눈치가 빠르고, 실수 없이 행동하는 법을 어려서부터 익혀왔기 때문이다.

학창 시절에는 참고서를 붙들고 혼자 열심히 파고든 사람이 우등생이었다. 그러나 사회에 나가면 그런 유형보다, 눈치 빠르고 요령 좋은 사람이 빠르게 성장한다. 고학력자 중 일부가 사회에서 의외로 무능력하게 보이는 이유는 바로 이 모델링 능력의 부족일지도 모른다.

세상을 살아가는 데 필요한 감感과 센스는 책상머리에서 배울 수 없다. 실전에서, 사람을 보고 행동을 모방하면서, 실수를 피해가며 익히는 능력이 사회에서는 훨씬 중요하다. 결국 형제 많은 집에서 태어나 하루하루 치열한 모델링 학습 속에 자라난 사람은 사회라는 정글에서 더 잘 살아남는다. 그들이 바로 억센 잡초 같은 사람들이다.

사회에서는 서당 개 근성이 필요하다

그렇다면 장남이나 장녀는 사회에 나가면 불리한 걸까? 물론 그렇지는 않다. 형제 구성은 바꿀 수 없는 타고난 조건이지만, 중요한 건 세상에 나간 후 어떻게 행동하느냐다. '동생'의 자아 정체성을 사회에 나가서 능숙하게 체득하면 그만이다. 그리고 그건 의외로 간단하다.

무엇보다 중요한 건 모델링할 만한 존경할 수 있는 선생님이나 선배를 억지로라도 찾는 것이다. 그리고 그런 사람을 언니나 형처럼 여기고 철저히 '똘마니(서당 개)'가 될 용기를 갖는 것. 필요한 소양은 그것뿐이다.

이 똘마니 방식은 아주 단순하지만 매우 강력한 학습법이다. 생각해보면 전통문화의 대부분은 이러한 똘마니 방식으로 계승되어왔다. 공예, 꽃꽂이, 전통 음악, 판소리 등은 옛부터 모두 '도제 제도'라는 이름 아래 스승과 선배 곁에서 배우는 형식으로 고도의 기술을 전수해왔다.

신참인 제자는 말 그대로 서당 개처럼 아침부터 밤까지 스승과 선배 곁을 맴돈다. '서당 개 3년이면 풍월을 읊는다'는 말처럼, 그렇게 오랜 시간 동안 스승의 기예를 몸으로 익힌 후에야 바야흐로 한 사람 몫을 하는 장인으로 성장하게 된다. 학교 수업처럼 체계적인 방법이나 순서를 설명받는 대신, '기예의 분위기'를 포착하도록 유도하는 것이 도제 제도의 본질이다. 그 편이 오히려 섬세한 기술, 타이밍, 감성 같은 고차원적 능력을 더 정확하게 전수하는 데 유리하다.

사실 모델링으로밖에 배울 수 없는 것은 전통문화뿐만이 아니다. 우리 일상 가까이에도 그런 예는 많다. 음식 조리법이 대표적이다. 나는 요리를 좋아한다. 그런데 아무리 두툼한 요리책을 훑으며 조리의 '이론'을 공부해봐도 이론만으로는 요리 실력이 늘지 않는다. 요리책을 파고들기보다는 요리 학원 선생님의 손놀림을 그림자처럼 따라다니며 관찰하거나 일류 셰프와 억지로라도 친해져 어깨 너머로 칼질을 훔쳐보는 편이 훨씬 낫다. 요리 전문가의 똘마니로 성실히 곁에 머물다 보면 어렵게 느껴지던 요리도 비교적 단기간에 능숙해질 수 있다. 말하자면 그 레스토랑에 사는 서당 개, 아니 '레스토랑 개'가 되는 셈이다.

또 나는 글 쓰는 법도 모델링 학습으로 성공 가능한 분야라고 생각한다. 최근 일본에는 어른을 위한 작문 학원이 인기라고 한다. 그런 학원에서 글 쓰는 기술을 배우는 것도 좋지만, 그보다 간단하고 효과적인 글 잘 쓰는 방법이 있다. 바로 자신이 동경하는 작가의 책을 샅샅이 찾아 읽는 것이다. 그냥 읽는 것이 아니라 문장을 통째로 외울 정도로 반복해서 읽는 것이 핵심이다. 이 방법 또한 확실한 모델링 학습, 즉 똘마니 방식이다.

작문 강의를 듣기보다는 '나도 이런 글을 쓰고 싶다'는 생각이 들 만큼 아름답고 세련된 문장을 반복해 읽고 필사하다 보면 표현력이 눈에 띄게 향상된다. 실제로 초등학생을 대상으로 한 실험에서도 모델링 학습으로 작문 능력이 대폭 향상된 사례가 여러 차례 보고되었다.

차원이 다른 천재라면 모르지만, 어떤 분야든 밑바닥부터 혼자 힘으로 아이디어를 짜내려면 10년 혹은 그 이상의 시간이 걸린다. 사회에 나가 유능한 사람, 쓸모 있는 사람으로 인정받기 위해서는 차남이나 차녀처럼 윗사람을 모방해 기술을 훔치는 서당 개 기술이 필요하다.

    자의식과 고유성은 분명 중요하다. 그러나 상황에 따라서는 과감하게 자존심을 내려놓고 철저히 서당 개가 되어 모방해보자. 그런 유연함을 가진 사람이야말로 결국 최강의 사회인이 될 것이다.

사람이 많은 회의일수록
쓸 만한 아이디어가 안 나오는 까닭

집단적 부실

회의가 시작된 지 어언 2시간. 다들 지칠 대로 지쳤지만 아무런 결정도 내리지 못한 채 회의는 다음 주로 어영부영 넘어간다. 이런 지지부진한 회의 풍경은 어느 회사에서나 흔히 볼 수 있다. 우리는 종종 이렇게 중얼거린다. "이렇게 사람이 많은데 왜 쓸 만한 아이디어가 안 나오는 거야?"

사실 이런 사고방식은 완전히 잘못되었다. '이렇게 사람이 많은데'가 아니라 '이렇게 사람이 많아서'로 고쳐야 맞다. 사람이 많을수록 명제가 좁혀지지 않는다. 오히려 제대로 된 아이디어가 나오지 않는 것이다.

인원이 많아질수록 그 집단의 능력은 오히려 쇠퇴한다. 아마 잘 믿기지 않을 것이다. 무리도 아니다. 우리는 어릴 적부터 백지장도 맞들면 낫다는 속담을 들으며 자라왔기 때문이다.

집단의 규모가 커질수록
빈틈이 생긴다

그러나 백지장도 맞들면 낫다는 속담을 반증하는 실험이 있다. 먼저 한 사람에게 박수를 치게끔 한다. 가능한 한 열심히 치게 하고 그 음량을 측정한다. 그다음 두 사람, 세 사람 점차 인원수를 늘려가며 각각의 박수 소리 음량을 측정한다. 그 결과 인원이 늘수록 개인당 박수 소리는 점점 줄어들었다. 즉, 집단의 규모가 커질수록 개개인이 발휘하는 힘은 오히려 떨어진다는 사실이 증명된 셈이다. 이들은 대충 한 게 아니다. 피실험자에게는 전력을 다해 박수 치라고 지시했으며, 실제로도 격렬하게 손뼉을 치는 것처럼 보였다고 한다. 그런데도 음량은 줄었다.

왜일까? 사실 인간에게는 집단 속에 속해 자신의 역량

이 평가되기 힘든 상황이 되면 맡은 일을 대충 하는 습성이 무의식 속에 잠재되어 있다고 한다.

같이 무거운 짐을 나를 때 일부러 힘을 빼는 경우처럼, 집단에서는 무의식적으로 책임을 분산시키는 습성이 작동한다. 따라서 집단이 커질수록 능력치는 단숨에 떨어진다. 그러나 본인들은 나름 열심히 한다고 생각해 깨닫지 못할 뿐. 그런 의식의 왜곡이 앞서 말했던 무의미한 회의를 낳는 원인이 된다.

그렇다면 많은 사람이 참가하는 회의의 질은 언제나 낮고 비효율적일까? 집단으로 하는 일은 결국 생산성 하락으로 이어질까?

반드시 그렇지는 않다. <u>일정한 조건이 충족되면 집단도 높은 능률을 발휘할 수 있다. 그 조건이란 바로 집단의 구성원 각자에게 '역할'을 인식시키는 것이다.</u> 이를 뒷받침하는 유명한 심리 실험이 있다.

심리학의 고전 과제 가운데 하나인 '9개의 점 문제'다. 흰 종이에 일정한 간격으로 9개의 점을 찍는다. 연필을 떼지 않고 4개의 직선으로 이 9개 점을 모두 이으려면 어떻게 해야 하느냐는 문제다(그림 8). 이 문제를 6명으로 구성된 여러 팀에게 각자 풀게 했다.

그림 8 **9개의 점 문제**

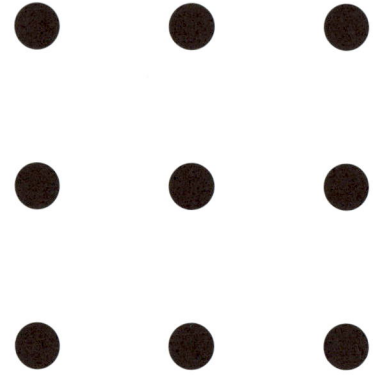

이 그림의 점 9개를 모두 4개의 직선으로 연필을 떼지 않고 한 번에 이으려면 어떻게 해야 할까?

문제 해결 방법은 의외로 간단하다. 그림 9와 같이 선을 9개의 점 바깥까지 연장하면 된다. 누구도 점 밖으로 나가면 안 된다고 말하지 않았지만, 많은 이들이 무의식적으로 그 제한을 스스로 설정한다.

여러 팀이 이 문제를 푸는 데 걸리는 시간을 조사한 결과, 가장 빠르게 정답을 찾아낸 팀은 한 사람이 적극적으로 중계를 맡아 역할 분담을 유도한 팀이었다. '어디서 막

> **그림 9** 9개의 점 문제 해답

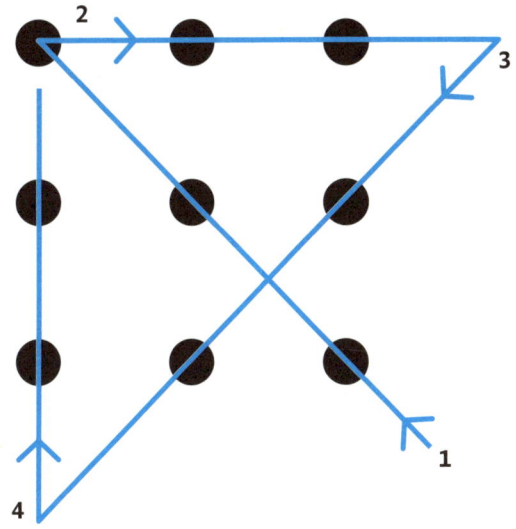

답은 의외로 간단하다. 점 9개를 벗어나면 안 된다고 밋대로 생각하지는 않았나?

했지?', '이 방법으로는 안 되겠네', '그렇게 하면 되겠다' 등 한 사람이 나서서 실황처럼 상황을 설명하며 팀원들에게 각자의 역할, 즉 자신이 지금 해야 할 일을 인식시켰다. 그 결과 이 팀의 구성원들은 자신이 어떻게 움직여야 좋을지 이해하게 됐고, 그것이 승리의 원인이었다.

그렇다면 어떤 팀이 가장 늦었을까? 가장 문제를 늦게 푼 팀은 6명이 나란히 머리를 맞대고 고민만 하던 팀이었다. 6명이 같은 단계에서 똑같이 작업하다 보니 앞서 언급한 집단적 부실 현상이 가장 심하게 나타났다.

이 결과로도 집단에는 각자에게 역할을 분담하고 이를 확실하게 의식시키는 편이 능률을 높인다는 사실을 알 수 있다.

회의를 시원하게 진행하는
2가지 법칙

집단적 부실은 특히 회의에서 자주 발생한다. 지지부진 길어지는 회의를 피하려면 어떻게 해야 할까? 방법은 2가지뿐이다.

① 사전에 각자 생각한 의견을 준비해온다.
② 회의에서는 반드시 진행자가 있어야 한다.

자세히 설명하면 다음과 같다. 초등학교 과학 수업에서 같은 내용을 수업 형식을 바꿔 가르치는 실험을 진행했다. 그 결과 집단 토론 수업보다 자율학습 후 발표식 수업이 훨씬 학업 성취도가 높았다.

다 같이 토론하는 수업은 얼핏 보면 효과적으로 보인다. 그러나 다 함께 생각하는 방식은 비판적 사고와 고찰 능력을 억누른다. 그보다는 각자 공부하고 생각한 뒤 결과를 공유하는 방식이 훨씬 효과적이다.

또 다른 실험 결과도 있다. 여기 A부터 D까지 길이가 다른 막대그래프가 있다(그림 10). 실제로는 명백히 C가 가장 길다. 누가 봐도 그렇다. 그러나 몇 명의 바람잡이가 A가 제일 길다고 반복해 말하면, 놀랍게도 많은 사람이 '그런가? 내가 지금 착각하고 있는 건가……'라고 생각하기 시작한다. 그리고 A가 가장 길다고 대답하는 사람이 속출한다! 이것이 '집단적 동조 실험'이다. **집단 속에서 우리는 생각보다 더 쉽게 자신의 판단력을 내려놓는다.**

인간이 집단을 이루면 어느 정도까지 사고력이 둔화되는지를 이제 여러분도 이해하게 되었으리라 생각한다. 그리고 이 책을 읽고 있는 여러분 역시 그 예외는 아니다.

그렇다면 여기서 슬슬 이 장의 핵심을 정리하는 시간을

그림 10 집단적 동조 실험

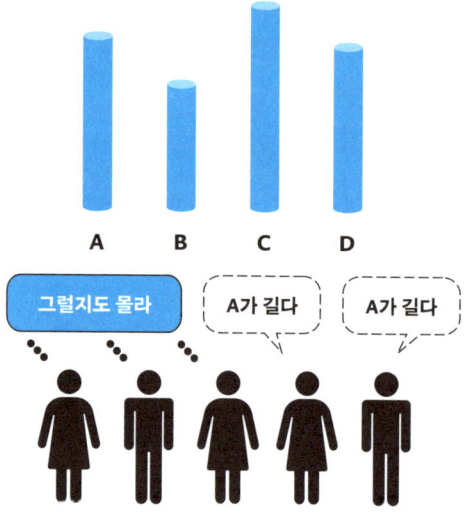

A부터 D까지 길이가 다른 막대그래프가 있다. 가장 긴 그래프는 분명 C지만 주변 사람들이 "A가 가장 길다"고 계속 주장하면 '그럴지도 몰라'라고 생각하는 사람이 나타나는 것은 정말 불가사의한 일이다.

갖기로 하자. 어떤 종류의 회의든 회의를 시원하게 끝내는 데 필요한 건 단 2가지다. 이것만 기억하자. 사전 준비 + 명확한 진행자.

이 두 조건만 갖추면 회의는 놀랄 만큼 빠르게 끝나고,

"자, 수고하셨습니다!"라는 말로 기분 좋게 마무리할 수 있을 것이다.

3장

스트레스받지 않고 상대를
내 뜻대로 움직이는 심리 기술

사람을 제대로 길러낼 때
필요한 것은 단 2가지

당근과 무시 전략

입사한 지 몇 년이 지났는데도 기획서 하나 제대로 만들지 못하는 부하직원. 의욕도 없어 보인다. 여러분 주위에도 이런 난처한 인물이 있을지 모른다. 그런 '난처한 군' 혹은 '난처한 양'이 또 엄청난 실수를 저질렀다고 가정해보자. 자, 여러분이라면 어떻게 대응하겠는가?

일단은 혼부터 내겠다고 생각하는 사람이 제법 많을 것이다. 확실히 단기적으로 보면 혼을 내거나 야단치는 방식은 일정 부분 효과가 있긴 하다. 다음 날까지는 그 사람도 바짝 긴장해 실수를 피하려 들지도 모른다.

하지만 이런 반응은 갑작스런 굉음에 놀라 그 자리에 얼어붙는 동물과 다를 바 없다. 시간이 조금만 지나면 '난처한 씨'의 경직은 풀리고, 결국엔 야단 맞았다는 불쾌한 감정만 남아 다시 같은 실수를 되풀이한다.

흔히 사람을 기를 때는 '당근과 채찍'이 모두 필요하다고들 한다. 그러나 <u>실제로 효과적인 채찍, 즉 벌을 주는 일은 생각보다 훨씬 어렵다. 대부분의 경우 야단을 치거나 혼내는 것은 고통을 주는 채찍일 뿐, 실제 성장에는 별다른 도움이 되지 않는다.</u> 물론 어떤 사람은 그 짜증나는 상대에게 따끔하게 한마디 해야만 속이 시원하다고 느낄 수도 있다. 하지만 그런 감정을 잠시 접어두고 정말 그 사람의 진정한 성장을 바란다면, 야단은 그다지 효과적인 방법이 아니다.

그렇다면 진짜 효과적인 당근과 채찍의 조합은 무엇일까?

당근과 채찍을 이기는
당근과 무시

당근과 채찍을 주제로 한 유명한 실험 중 쥐를 이용한 다음과 같은 실험이 있다(그림 11). 단순한 T자형 미로와 3마리의 쥐가 준비되었다. T자의 하단에서 출발한 쥐들이 왼쪽으로 꺾이는 길을 얼마나 빨리 기억하는지를 실험한 것이다. 각 쥐에게는 다음과 같은 조건이 주어졌다.

 A : 왼쪽에 먹이(=당근), 오른쪽에 전기 충격(=채찍)
 B : 왼쪽에는 아무것도 없음, 오른쪽에 전기 충격(=채찍)
 C : 왼쪽에 먹이(=당근), 오른쪽에는 아무것도 없음

 상식적으로는 A가 가장 효과적일 것처럼 보인다. 당근과 채찍 이론에 따르면 당연히 A가 가장 학습에 유리할 것처럼 느껴진다. 하지만 놀랍게도 여러 번 반복한 실험에서 가장 좋은 결과를 보인 쥐는 C, 즉 당근만 주는 조건의 쥐였다! 성공하면 당근을 주고, 실패해도 아무 일도 일어나지 않는 상황. 이 '당근과 무시' 조건에서 자란 쥐들이 가장 빠르게 왼쪽으로 꺾는 길을 기억해낸 똑똑한 쥐가 된 셈이다.

 그렇다면 A와 B의 쥐는 어떻게 되었을까? 사실 당근과 채찍을 받은 A, 그리고 채찍만 받은 B의 쥐 모두 실험을 반복할수록 스트레스를 심하게 받아 아예 움직이지 않게 되

그림 11 당근과 채찍 실험

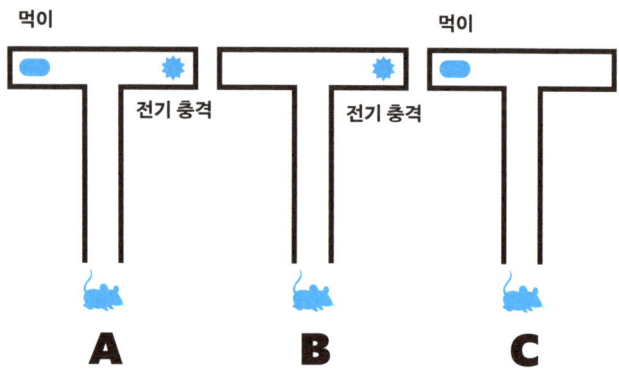

A, B, C 3마리 쥐 중 어떤 쥐가 가장 빨리 T자형 미로에서 왼쪽으로 꺾이는 길을 찾는지 실험한 것이다. 먹이는 당근, 전기 충격은 채찍이라고 가정한다. 답은 의외로 C이다.

었다. 조금이라도 잘못 움직이면 전기 충격을 받는다는 사실에 위축되어 시행착오 자체를 포기해버린 것이다.

실험 후 해부 결과, 이 두 쥐는 모두 위궤양이 생긴 것으로 확인되었다. 당근의 효과조차 무색하게 만드는 무서운 채찍의 부작용이다.

이 실험을 통해 알 수 있듯이, 교육에 정말 효과적인 방식은 당근과 채찍이 아니다. 당근과 무시, 다시 말해 당근만 주는 방식이라는 점이다.

실패했을 때 전기 충격을 주거나 야단을 치는 것은 마치 퀴즈를 풀다 오답을 말했을 때 '삐, 틀렸습니다!'라는 선고를 듣는 것과 같다. 그저 틀렸다는 말만 할 뿐, 어떻게 수정해야 할지에 대한 실마리는 주지 않는다.

채찍은 전달하는 정보량이 너무 적다. 물론 스파르타식 교육처럼 혼을 내며 실력을 길러내는 방법도 실제로 존재하긴 한다. 그러나 찬찬히 생각해보면 그런 방식은 야단을 통해 깊은 애정을 표현하는, 일종의 넓은 의미에서의 당근이다. 단순히 혼내는 데서 그치는 것이 아니라 성장의 실마리까지 함께 제시해주어야 한다. 그런 세심한 기술이 필요하기 때문에 스파르타식 교육은 오히려 최상급 교육법에 속한다.

부모와 자식처럼 끈끈한 관계로 맺어진 경우라면 이느 정도 효과를 기대할 수 있을지 모르지만, 그 외의 일반적인 인재 양성 상황에서는 '당근과 무시' 전략을 더 적극적으로 추천한다.

침착함이야말로
당근과 무시 전략의 숨은 무기

누군가가 감당하기 힘든 실수를 했을 때, 정말 아무 말도 하지 않고 무시하기란 의외로 매우 어렵다. 감정이 앞서 결국 참지 못하고 화를 내고 마는 경우가 많다. 하지만 이미 당근과 무시야말로 사람을 성장시키는 최고의 전략임을 알게 된 여러분이라면, 인내심이야말로 무엇보다 중요하다는 것도 알게 되었을 것이다. 화를 내면 그 순간 그것은 곧 채찍이 되기 때문이다.

예를 들어 연일 계속되는 야근과 술자리로 새벽에야 귀가하는 간 큰 남편이 있다고 치자.

"아니, 당신! 회사 일 혼자 다 해? 이 시간까지 어디 있었어? 일찍일찍이 좀 들어오면 해가 서쪽에서 뜨기라도 해?"

그동안 여러분은 이런 잔소리를 습관처럼 쏟아냈을지 모른다. 하지만 이렇게 하면 남편 입장에서는 결국 짜증을 유발하는 작은 채찍이 된다. 결과적으로 다음 날도 똑같은 행동을 반복하게 되는 것이다. 이럴 땐 큰 숨을 들이쉬고 일단 참자. 아무 말도 하지 말자. 다음 날도, 그다음 날도 시치미를 떼고 아무 일 없다는 듯 조용히 지켜만 보는 것이다. 그러다 남편이 모처럼 일찍 귀가한 날, 그때야말로 폭풍 같은 칭찬을 퍼붓는다.

"당신이 이렇게 일찍 들어오니까 정말 좋다. 고마워. 이렇게 같이 저녁도 먹을 수 있고. 오늘 당신 덕분에 기분 너무 좋은데?"

이런 식으로 남편이 낯 뜨거울 정도로 칭찬이라는 당근을 아낌없이 주자!

직장에서도 마찬가지다. 업무 능력이 떨어지는 부하 직원에게 늘 신경질적으로 반응하며 안달복달하지는 않았는가? 또 실수를 한다면 이번만큼은 일부러 꾸짖지 말고 기대와 신뢰를 담은 말로 대응해보자. 예를 들어 다음과 같은 칭찬은 어떨까?

"나는 ○○ 씨한테 거는 기대가 커요. ○○ 씨라면 분명 잘해낼 수 있다고 믿어요."

이렇게 말해주면 그 사원은 자신이 소중하게 대우받고 있다고 느끼며 다음번에는 더 나은 결과를 내기 위해 최선을 다하게 될 것이다. 그리고 실제로 좋은 결과가 나왔을 때는 축하와 칭찬의 당근을 충분히 주자. 이것이 바로 상대방을 내 뜻대로 움직이게 하는 당근과 무시 전략이다. 감정을 억누르고 침착함을 유지해야 하므로 다소의 인내심은 필요하지만, 부하 직원을 유능하게 키우고 상대방의 능력을 100% 끌어내고 싶다면 이 전략만큼 효과적인 방법도 없다. 속는 셈 치고 한번 실천해보는 건 어떨까?

대단한 매력 없이도
호감을 얻는 사람들

당근 빼기 전략

다른 사람의 마음을 사로잡고 자신의 생각대로 상대방을 성장시키는 당근과 무시 전략. 이번에는 그 전략을 한 단계 발전시켜 마인드 컨트롤에 가까운 수준으로 끌어올려 보자. 마인드 컨트롤이라니…… 심리학이란 정말 놀랍지 않은가?

일단 비장의 기술을 공개하기 전에 간단히 당근과 무시 전략을 복습해보자. 3개의 T자 미로에 각각 쥐를 넣고 3마리 중 어느 쥐가 가장 빨리 왼쪽으로 꺾어지는 길을 기억하는지 알아보는 실험을 했다. 실험 설정 조건은 각각 다음과 같았다.

> A : 왼쪽에 먹이(=당근), 오른쪽에는 전기 충격(=채찍)
> B : 왼쪽에 아무것도 없음, 오른쪽에는 전기 충격(=채찍)
> C : 왼쪽에 먹이(=당근), 오른쪽에는 아무것도 없음

결과적으로 가장 빨리 길을 익힌 쥐는 C였다. C의 쥐는 정답을 맞히면 당근을 받고 틀려도 채찍(=전기 충격)을 받지 않는 당근과 무시 전략을 적용한 쥐였다. A와 B 모두 '채찍=벌'이라는 등식 탓에 도전 자체를 두려워하게 되어 결국 꼼짝도 하지 않게 되었다. 인간 역시 마찬가지다. 실수를 했을 때는 무시하고(화를 내는 건 금물) 성공하면 듬뿍 칭찬하는 것. 이것이 바로 마음을 통제하는 기술인 당근과 무시 전략이다.

그런데 <u>이 당근과 무시 전략보다 더욱 효과적인, 말 그대로 필살기가 있다. 바로 '때때로 당근 빼기' 전략이다.</u> 심리학에서는 이를 '간헐 강화'라고 부르며 의도적으로 그런 상황을 만들어내는 방법이다.

실수를 해도 채찍을 주지 않고 그냥 넘어간다는 기본 원칙은 같다. 그러나 성공했을 때 매번 '당근=상'을 주지 않

고 일부러 이따금 뺀다. 그러면 상대방은 한층 분발해 여러분을 위해 더욱 노력하게 된다.

사실 이 당근을 빼는 빈도가 매우 중요하다. 조사에 따르면 약 5번 중 1번 비율로 당근을 주지 않을 때 가장 효과적이라고 한다(그림 12). 이는 대체로 성공하지만 때때로 실패하는 경우와 비슷한 비율이다.

5번에 1번이라는 빈도는 심리학적으로 사람이 그 대상에 가장 주의를 기울이는 수치라고 한다. 그런 빈도로 평소에는 주던 당근을 주지 않는 상황을 만들면 상대는 마음이 달아오르고 더욱 집중하게 되는 셈이다.

호감의 비밀?
가끔은 당근을 빼는 것

여러분은 매일 회사나 학교에 가는 길, 지하철에서 만나던 사람이 어쩌다 보이지 않으면 왠지 신경이 쓰였던 경험이 있지 않은가? 학창 시절 갑작스런 부재로 어떤 아이의 존재가 유독 신경 쓰였던 적은 없었나? 그런 현상을 조사해 보면 어느 경우나 대개 5번에 1번꼴이었다.

그림 12 5번에 1번의 법칙

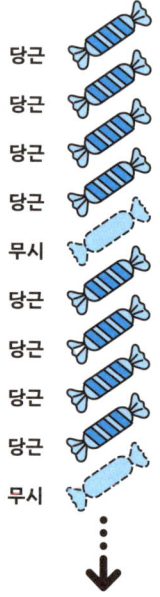

성공했을 때 상대방에게 매번 '당근=상'을 주지 않고 일부러 이따금 당근을 뺀다. 이때 당근을 빼는 빈도가 중요하다. 약 5번 중 1번의 비율로 당근을 빼면 최상의 효과를 본다. '평소에는 받는 당근을 못 받았다'는 사실이 상대의 주의와 흥미를 최대한 끌어내어 열중하게 만든다.

이 수치에 마음이 흔들리는 사람은 사춘기 학생뿐만이 아니다. 놀랍게도 스토커를 끌어들이는 비밀 역시 이 수치에 숨어 있다고 나는 생각한다. (물론 상대에게 과하게 집착하고 통제하려는 기질은 그 사람 개인의 문제일 때가 훨씬 많다.)

스토커 성향을 보이는 사람들은 특정한 유형의 인간관계에 강하게 끌리는 경향이 있다. 상대가 가까이 다가왔다가도 때로는 거리를 두는, 일관되지 않은 태도에 과도하게 반응하는 것이다. 남자가 데이트를 신청했을 때 대개 응하면서도 이따금 "오늘은 안 돼"라며 일방적으로 거절하는 경우, 잘 들여다보면 그 거절이 5번에 1번꼴인 경우가 많을 것이다. 이는 곧 '친근감'이라는 당근을 5번에 1번꼴로 수여한 셈인 것이다. 누군가가 친절하게 대하다가 거리감을 보이는 경우, 일부 사람들은 그 간극에 과도하게 반응해 상대의 행동을 왜곡해 받아들이고, 혼자서 의미를 과장하며 관계에 집착하게 된다.

알고 하는지 모르고 하는지 알 수는 없지만, 이 방법을 업무에 활용하는 사람들이 있다. 일명 '카리스마 호스트 charisma host', 즉 호스트바를 찾는 여성들의 마음을 뒤흔드는 남성 접대부들이다. 여성 고객들이 고급 시계나 무려 외제 차까지 바치면 평소에는 달콤하게 대해준다. 그러나 이따금 왠지 차가워진다. 가게에 가면 평소에는 즐겁게 분위기를 띄워줬건만, 그날은 다른 테이블에 가서 눈길도 주지 않는다. 호스트들의 그런 변덕이 여성들에게 매력적으로 보이는 이유가 바로 간헐 강화에 있다.

호스트 이외에도 이런 전략을 잘 활용하는 사람들이 있다. 바로 사이비 교단 등으로 부르는 과격한 신흥종교다. 대부분의 사람은 사이비 종교의 실태를 고발한 TV 프로그램을 보며 '멀쩡한 사람들이 왜 저런 얼토당토않은 수상한 종교에 빠질까?' 하고 혀를 차거나 고개를 절레절레 흔든다.

외부인은 도무지 이해하지 못하는 이 사이비 종교에 사람들이 빠지는 이유. 나는 그 이유가 독특한 헌금 방식에 있다고 생각한다. 헌금은 대개 덕을 쌓기 위해서 또는 교주의 말씀을 듣기 위한 조건으로 제시된다. 시주나 헌금을 하면 교단 내부에서 '지위'와 같은 일종의 보상을 받는다. 그래서 신자들은 자발적으로 열심히 교단 내부에 돈을 갖다 바치게 된다.

그런데 때때로 교단은 이렇게 헌금을 바친 신자들에게 정성이 부족하다며 은근한 압박을 가한다. 그러면 신자들은 한층 열을 올려 있는 돈 없는 돈을 끌어와 교단에 바친다. 이것이 바로 '때때로 당근 빼기' 전략에 의한 마음 통제술의 전형적 사례다.

매력은 실력의 문제가 아니다!?

앞서 말했듯 인간은 매사를 스스로 통제하고 싶어 하는 욕구가 절대적으로 강한 동물이다. 자신의 욕구를 방해하려는 존재가 나타나면 호승심이 달아올라 한층 더 노력한다. 즉, 상대방의 '자기 통제 욕구'를 자극해 자신에게 열중하게 만드는 것, 이것이 바로 간헐 강화 전략이다.

간헐 강화가 가진 힘은 상당히 강력하다. 이 힘을 일상생활에 자연스럽게 적용하면 여러분은 다른 사람들 눈에 상당히 매력적인 사람으로 비칠 것이다.

간헐 강화를 사용하는 방법은 매우 간단하다. 마음에 둔 상대에게 전화가 걸려오면 5번 중 1번은 받지 않는다. 또는 데이트 신청을 5번에 1번꼴로 거절하기만 해도 상대방의 마음은 상당히 심란해진다. 매번 응해주는 사람보다 때때로 거절하는 사람이 훨씬 매력적으로 보인다. (굳이 매력을 키울 필요는 없다.) 다만 이 전략을 너무 완벽하게 실천하면 인간관계를 망치거나 심하면 스토커를 끌어들일 수도 있다! 그러니 이 전략을 구사하려는 독자에게 특히 주의를 당부한다.

회의의 성패를 가르는
결정적 요소는 '앉는 위치'다

스틴저 효과

회사에서 '유능하다'고 평가받는 사람은 어떤 사람일까? 기획안을 내면 순조롭게 통과되고, 비즈니스 미팅에서는 그 자리에서 바로 계약이 성사된다. 그런 사람의 말은 내용이 특별히 다르지도 않은데, 똑같은 말을 해도 내가 하면 전혀 다른 결과가 나온다.

여러분도 이런 사람을 한 번쯤 본 적이 있지 않은가? 여러분과 그 유능한 사람의 차이는 무엇일까? 아마도 회의 석상에서 드러나는 결정력, 즉 '설득력'에 있다고 할 수 있다. 그렇다면 설득력이 뛰어난 사람은 도대체 무엇이, 어떻게 다른 걸까?

   심리학에서도 이 물음은 오랫동안 풀리지 않는 수수께끼였다. 만장일치로 깔끔하게 끝나는 회의와 좀처럼 결론이 나지 않는 지지부진한 회의. 이 둘의 차이는 어디에 있을까?

   수많은 회의를 관찰해온 미국의 심리학자 스틴저^{Stynger}는 마침내 하나의 결론에 도달했다. 그 결론은 뜻밖에도 아주 단순하다. 회의의 성패를 가르는 결정적 요소는 바로 앉는 위치다! 회의에서 의견이 부결될지 가결될지는 어디에 앉느냐에 달려 있다는 이야기다. 선뜻 믿음이 가지 않는 이야기다. 그러나 이 놀라운 사실은 과학적으로 증명되었다. 아무리 논리적인 사람이라도 앉는 자리를 잘못 고르면 그 의견은 끝내 통과되지 않는다.

정면에 앉을지 옆에 앉을지
그것이 문제로다

심리학 실험을 통해 검증된 '스틴저 효과$^{stynger\ effect}$'(그림 13)는 그 원리를 매우 간단하게 요약한다.

① 마주 앉은 사람끼리는 상대방 발언에 반론하기 쉽다.
② 옆에 앉은 사람끼리는 동조하기 쉽다.

상당히 명쾌하지 않은가? 그럼 이제 좀 더 자세히 살펴보자.

먼저 첫 번째. 정면에 앉은 사람과는 자연스럽게 시선이 부딪힌다. 그러면 상대방은 마주 앉은 사람보다 뭔가 더 그럴싸한 말을 해야겠다는 생각에 쓸데없는 경쟁심을 품게 된다. 말 그대로 정면 승부인 것이다. 결국 무의미한 반론이 계속 제기되고 사사건건 회의는 꼬이기만 한다. 그러다 보면 여러분의 의견도 통과되지 않는다.

그러나 반대로 생각하면, 정면만 장악하면 회의는 식은 죽 먹기다. <u>여러분과 의견이 같은 '아군'을 정면에 앉히면 회의는 놀랄 만큼 순조롭게 진행된다. 마주 앉은 두 사람 사이에 의견이 일치하면 주위 사람들은 쉽게 반론하지 못한다.</u>

그리고 두 번째. 옆에 앉은 사람과는 당연히 시선을 마주치기 어렵다. 그래서 상대의 표정을 볼 필요 없이 말에만 귀를 기울이게 되고, 그러다 보면 자연스럽게 상대방 의견에 순순히 동조하게 된다. 그래서 옆에 앉은 사람은 매우 동조하기 쉬운 위치 관계에 놓인다.

지금까지의 내용을 정리해보면, 자신의 의견을 통과시키기 위한 회의 필승 전략은 다음 2가지로 요약할 수 있다.

① 정면 승부에 해당하는 정면에는 의견이 같은 '아군'을 배치한다.
② 의견이 다른 상대는 자신의 옆자리에 앉혀 '동조 위치'를 취한다.

물론 이 스틴저 효과는 회의뿐 아니라 일상생활에서도 여러모로 쓸모가 있다. 예를 들어 정면에 대립하는 사람을 앉히면 내 의견이 통과되어야 하는 회의에서는 금기지만, 뒤집어 생각하면 매우 편리한 경우도 있다. 상대의 요청을 어떻게든 거절하고 싶은 경우를 생각해보자. 그런 경우, 상대방의 정면에 앉으면 왠지 모르게 단호하게 거절하기가 수월해진다. 또한 상대에게 휘둘리는 경향도 더 줄어든다.

이러한 스틴저 효과를 영리하게 활용하는 대표적인 사람들이 거리의 호객꾼들이다. 그들은 늘 지나가는 사람의 옆에 서서 말을 건다. 생각해보면 호객꾼들은 절대 정면에 마주 서서 말을 걸지 않는다. 그 이유는 바로 동조 위치를 점해 상대가 거절하기 어렵게 만드는 심리적 효과를 노리는 것이다. 그럴 때는 호객꾼의 정면에 마주 서서 '아니요!'라고 딱 잘라 말하면 된다.

정면 승부냐, 동조냐? 회의와 미팅에서는 이 2가지 좌석 배치 원칙만 잘 기억해도 웬만한 문제는 쉽게 풀린다.

그 사람만 아는
'마법의 자리'

하지만 사람과 사람이 이야기할 때 모든 상황을 흑백논리로 나눌 수는 없다. 예를 들어 심리 상담이나 고민을 들어주기 위해 가까이 앉아서 이야기를 나누거나 조언을 해주는 경우라면 어떻게 해야 할까? 그런 경우 최상의 위치는 어디일까?

그럴 때 가장 이상적인 앉는 위치는 바로 90도 위치다. 즉, 서로 상대방에 대해 직각이 되는 자리에 앉는 것이다. 직각으로 앉으면 상대방의 눈을 볼 수도, 시선을 피할 수도 있다는 이점이 있다. 한마디로 시선의 자유도가 높아지는 것이다. **시선의 자유도가 높아지면 인간은 본능적으로 마음이 한결 편안해진다.**

또 직각 위치는 손을 뻗으면 닿을 정도의 거리감이라 더욱 좋다. 정면이라면 거리가 너무 멀고, 옆이라면 너무 가깝다. 그러나 90도라면 어깨를 가볍게 툭툭 두드릴 정도의 자연스러운 거리감이 유지된다. 이런 적절한 거리감은 신뢰를 기반으로 한 친밀한 대화를 나누거나 상담을 진행할 때 최적의 위치다.

한 걸음 더 나아가 자신이 상담 자리를 이끌고 싶거나 이야기가 길어지지 않도록 조율하고 싶다면 알아둘 만한 또 하나의 비법이 있다. 바로 장방형 탁자의 짧은 변에 여러분이 앉고, 직각 위치에 해당하는 긴 변에 상대방을 앉히는 방법이다. 이런 좌석 배치를 '카운슬링 포지션'이라 한다. 짧은 변에 앉으면 긴 변에 앉은 상대방의 모습이 한층 잘 보인다. 나 역시 의뢰인을 상담할 때 반드시 이 좌석 배치를 확인하고 어느 자리가 최적의 위치인지 생각한 뒤에 앉는다.

반대로 의뢰인을 짧은 변에 앉히면 어떻게 될까? 결론부터 말하자면 이야기가 상당히 길어지게 된다. 정해진 시간 내에 성과를 내야 하는 상담이라면 좌석 선정은 생각보

그림 13 스틴저 효과

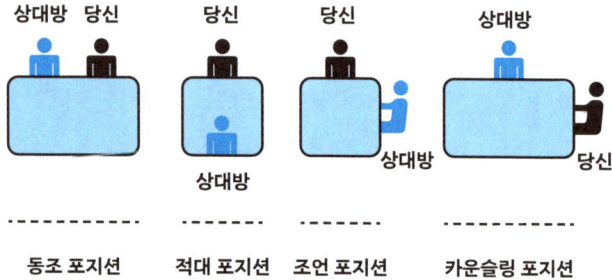

회의에서 승리하는 비결은 바로 스틴저 효과를 전략적으로 활용하는 것이다. 회의를 순조롭게 이끌고 싶다면 같은 의견을 가진 사람을 자신의 정면에 앉히고, 반대 의견을 가진 사람을 자신의 옆자리에 앉히는 것이 최선이다.

다 훨씬 더 중요하다.

일본에는 평일 낮에 방영되는 장수 토크쇼가 있다. 그 토크쇼의 사회자는 대화를 완벽히 조율하는 압도적인 기술과 흔들림 없는 진행으로 유명하다. 놀랍게도 이 베테랑 사회자가 항상 앉는 위치가 바로 카운슬링 포지션이다. 초대 손님은 언제나 정해진 시간 안에 이야기를 매끄럽게 마무리하고 방송 분위기는 적절히 고조된다. 이 토크쇼가 오랜 시간 사랑받으며 장수 프로그램으로 자리 잡은 비결도 어쩌면 이 좌석 배치의 힘이 아닐까 싶다.

왜 점쟁이 말은 족집게처럼
잘 맞는 것처럼 들릴까

바넘 효과

얼마 전 일본에서는 점술가가 유명 초대 손님의 인생을 족집게처럼 맞추는 프로그램이 큰 인기를 끌었다. 점술가가 마치 콕콕 집어내듯 초대 손님의 삶을 말하면, 손님은 신통방통한 재주에 감탄하기도 하고, 때로는 자신을 이해해주는 것 같아 눈물을 흘리기까지 한다. 하지만 사실 점술가의 말은 듣는 사람 입장에서는 개인적인 치부를 드러내는, 다소 무례한 내용일 때도 많다. 그런데도 왜 사람들은 점술가의 말 한마디에 열광하는 걸까?

이런 상황을 미리 짜놓은 연출 효과로 치부하는 것은 쉽다. 그러나 사실 이 모든 것을 전적으로 연출의 힘이라고만 설명할 수는 없다. 그 프로그램을 심리학적 관점으로 살펴보면 상당히 흥미로운 사실이 숨어 있기 때문이다.

왜 점쟁이의 지적은 항상 '잘 맞는다'고 느껴지고, 또 눈물을 흘릴 정도로 감격하게 되는 걸까? 여기에는 2가지 놀라운 비밀이 있다.

첫 번째 비밀은 이렇다. 애초에 초대 손님은 점쟁이가 특정 부분을 콕 집어 말하기만 해도(정확히 들어맞지 않더라도) 눈물을 글썽일 정도로 감동한다. 그 이유는 간단하다. 사람은 누구나 자신이 어떤 사람인지 남이 알아주기를 바라는 존재이기 때문이다. **인간은 항상 자신의 '정체성'을 찾아 헤매며 살아간다. 이것은 거의 본능에 가까운 기질이다. 즉, 사람은 모두 자신이 어떤 사람인지를 명확히 알고 싶어 한다. 그러므로 누군가 자신의 성격이나 본질을 짚어주면 그것이 틀렸든 맞았든 마음이 흔들리게 마련이다.** 특히 인기의 부침을 겪는 연예인처럼 정체성에 민감한 사람들이라면 두말할 것도 없다.

"너는 정말 친절한 사람이야."

"너한테는 섬세한 면이 있어."

요즘 젊은 세대에서는 친구나 연인 관계에서도 서로의

성격이나 기질, MBTI 유형 등을 주고받으며 확인하려는 경향이 증가하고 있다. 이런 모습은 진실한 애정이라기보다는 자신의 정체성을 확인하고 싶어 하는 욕구가 밑바탕에 깔려 있는 경우가 많다. 심리학에서는 이러한 관계를 '정체성을 위한 관계'라고 부르기도 한다. 또한 사람들은 자신의 성격이나 기질을 '외부에서 단언'해주면, 그것이 설령 소가 뒷걸음질 치다 쥐 잡는 격으로 얼렁뚱땅 맞춘 말일지라도 쉽게 믿어버린다. 우리는 늘 정체성을 찾아 헤매며 누군가가 내려주는 단언에 안심하고, 그 말에 스스로를 맡기고 싶어하기 때문이다.

단언은 사람을
악마로 만든다

정체성을 단언하면 사람의 마음에 어떠한 영향을 미칠까?

미국의 심리학자 필립 짐바르도^{Philip Zimbardo} 교수가 실시한 '감옥 실험'은 인간의 으스스한 일면을 적나라하게 보여준다. 연구진은 모형 감옥을 만들고 거기에 피험자를 수감한다. 그리고 피험자들에게 간수와 죄수 역할을 맡긴 뒤

(즉, 정체성을 단언하고) 그대로 며칠 동안 생활하게 했다.

놀랍게도 며칠이 지나자 간수 역할을 맡은 사람들은 점점 위압적이고 폭력적으로 변했고, 죄수 역할을 맡은 사람들은 견디다 못해 실험 중지를 요청했다. 그러나 간수들의 폭력은 점점 더 심해지기만 했다. 단순히 '당신은 간수입니다'라는 정체성을 부여했을 뿐인데도 말이다. **정체성을 부여받을 때 사람은 상상 이상으로 잔혹하게 행동하게 된다.**

비슷한 실험이 또 있다. 미국의 심리학자 스탠리 밀그램 Stanley Milgram은 나치 독일이 어떻게 그토록 잔혹한 만행을 저지를 수 있었는지 알아보기 위해 실험을 했다. 이름하여 '복종 실험'이었다.

이 실험에서 피험자들은 기억력을 시험한다는 명목으로 무작위로 다른 참가자들에게 전기 충격을 가하도록 지시받았다. 다양한 결과값을 얻어야 하므로 전기 충격의 강도는 피험자가 스스로 결정하게 했다. 그런데 놀랍게도 65%의 피험자가 상대방의 고통스러운 비명을 듣고도 최대치의 전기 충격을 가했다. '이건 내 책임이 아니야. 나는 전기 충격을 주는 역할을 받았을 뿐이야.' 피험자들은 이렇게 스스로의 정체성을 확립하고 있었다.

이 실험으로 나치 독일의 비극이 독일인 특유의 기질 때문이 아니라, '사명'을 주입받고 세뇌되었기 때문에 가능했다는 사실이 밝혀졌다. 말하자면 이 끔찍한 대량 학살은 어느 나라, 어느 사회에서나 일어날 수 있는 비극이라는 것이다. 등줄기가 서늘해지는 이야기다. '유대인 멸종이 우리의 임무'라는 정체성만 부여되면 인간은 놀랄 만큼 쉽게 그것에 자신을 맡긴 채 살아간다.

이러한 실험들은 모두 '역할'이라는 단순한 정체성만 부여했을 뿐이었다. 그런데도 인간은 외부로부터 자신이 어떤 사람인지를 단언받기를 학수고대한다는 사실이 선명히 드러났다.

다시 족집게 점쟁이 프로그램 이야기로 돌아가보자. 이 프로그램에 출연한 초대 손님은 대개 이혼 직후이거나 오르락내리락하는 인기에 시달렸던 연예인들이다. 이처럼 정체성을 모색하는 사람들일수록 누군가(외부에서) 자신에 대해 족집게처럼 단언해주기를 절실히 바란다. 그 단도직입적인 말에 눈물을 흘리며 감격하는 모습도 이제는 조금도 불가사의하지 않다.

이면성을 제시하면
누구나 족집게가 된다

그렇다면 왜 그 프로그램에서 점술가의 말은 항상 족집게처럼 잘 맞는 것일까? 여기에 그 두 번째 비밀이 숨어 있다. 사실 심리학의 작은 기술 하나만 알면 누구나 상대방이 감격할 만큼 정확하게 그 사람에 대해 족집게처럼 맞힐 수 있다. 그 기술이 바로 심리학에서 '이면성 제시'라고 부르는 방법이다.

다음과 같은 실험이 있었다. 대학생을 모아 그들 각자에게 '당신은 이런 사람입니다'라고 단언한 경우와, '당신에겐 이런 면도 있고 저런 면도 있습니다'라고 양면성을 제시한 경우를 비교했다. 결과는 명확했다. 이면성을 제시한 쪽이 훨씬 더 강한 반응을 얻었고, 대부분의 학생이 딱 내 이야기 같다며 감동했다. 이 실험은 이면성 제시의 좋은 사례다.

이는 자신의 성격을 누군가 맞힐 때는 누구에게나 해당하는 애매한 지적일수록 잘 들어맞는다고 느낀다는 심리적 현상, 바로 '바넘 효과barnum effect'를 활용한 것이다('포러 효과'라고 부르기도 한다). 이 현상은 심리학자인 버트럼 포러Bertram Forer의 이름에서 따온 것으로, 상반되는 2가지 성격을 함께 제시해 범위를 넓히고 애매하게 만들면 효과는 더 극대화된다.

족집게 점쟁이 프로그램으로 돌아가 다시 생각해보자. "세간에서는 당신을 놀기 좋아하는 사람이라고 하지만 사실은 모성애가 깊은 사람이죠.", "무척 화려한 삶을 사는 것처럼 보이지만 사실 당신은 외로운 사람이에요." 이런 식으로 말하면 초대 손님은 갑자기 어쩔 줄 몰라하며 눈물을 비친다. 곰곰이 생각하면 사실 누구에게나 해당할 법한 두루뭉술한 말이지만, 본인은 자신에 대해 깊이 이해받았다고 점쟁이 말을 철석같이 믿어버린다.

이 기술은 점술가뿐 아니라 우리도 충분히 활용할 수 있다. 예를 들어 "너는 강해 보이지만 사실 외로움을 많이 타는 성격이지." 이 한마디에 덜컥 걸려드는 사람들이 많다.

그러니 어떤 말이든 일단 상반된 성격 2가지를 함께 제시하면 상대는 '이 사람이 나를 이해한다'며 마음을 열게 된다. 마음을 사로잡고 싶은 사람이 있다면 반드시 이 방법을 활용해보길 바란다.

사람은 애초에 자신의 정체성을 누군가 콕 짚어 말해주길 갈망한다. 이면성을 제시하고 단언하면 사람은 틀림없

그림 14 족집게 점쟁이 효과

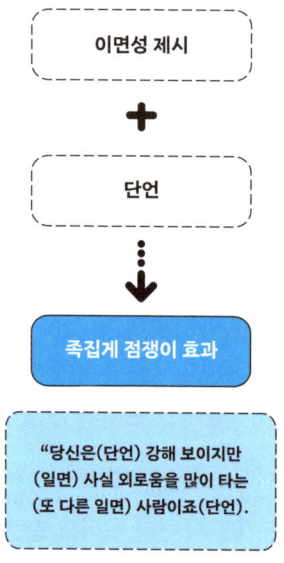

'이면성 제시'와 '단언'을 적절히 조합하면, 상대방은 '이 사람이 나를 정말 잘 알아준다!'고 틀림없이 감격한다. 그만큼 이 심리 기술은 강력하다. 그러나 동시에 잘못 쓰면 상대를 속이거나 현혹하는 데 악용될 수 있으니 반드시 신중히 사용해야 한다.

이 반응한다(그림 14). 단, 이런 심리학 기술은 상대방을 배려하며 신중하게 사용해야 한다.

인기가 시들해진 연예인이
재기에 성공하는 의외의 비결

밴드왜건 효과와 언더독 효과

잡지 표지에 등장하는 "올봄 핑크가 유행 예감"이라는 광고 문구. 곧이어 백화점에서는 핑크색 옷이 불티나게 팔리고, 거리는 핑크색 옷을 입은 사람들로 가득 찬다.

매년 되풀이되는 이런 현상은 심리학적으로 보면 매우 자연스러운 일이다. 인간은 누군가 어떤 것이 유행할 것이라고 선언하면 의외로 쉽게 영향을 받는 귀가 얇은 존재이기 때문이다. 이 심리를 '밴드왜건 효과band-wagon effect'라 한다. 밴드왜건이란 퍼레이드의 선두에 서서 사람들의 주목을 받는 악대 차량을 가리킨다. 누군가가 선두에서 '지금부터 축제를 시작하겠습니다'라고 선동하면 사람들은 자연스럽게 그 퍼레이드 뒤를 따르게 된다.

실제로 브랜드나 연예인 등 수많은 유행은 바로 이 밴드왜건 효과를 활용해 만들어진다. "할리우드 셀러브리티에게 최고의 유행인 ××의 가방!" 같은 문구는 패션 잡지를 펼치면 자주 보인다. 또 TV에서는 코미디언을 소개하며 "지금 10대 청소년 사이에서 인기 상승 중인 개그 콤비!"라는 멘트도 자주 들린다. 정치에서도 마찬가지다. 내각 지지율이 10% 올랐다는 뉴스가 보도되면 그 다음 조사에서는 지지율이 더 상승한다.

따라서 이 밴드왜건 효과를 잘 활용하면 인기 상품을 만드는 일은 비교적 쉽다. 그러나 문제는 그 인기를 어떻게 유지하느냐에 있다. 심리학적으로 볼 때 인기가 오래가지 않는 데는 크게 2가지 원인이 있다.

첫째는 사람의 관심에는 항상 유통기한이 있기 때문이다. 그 유통기한이 백곰 실험을 다룬 앞장에서 소개한 망각 곡선이다. 망각 곡선에 따라 인간의 호기심은 시간이 지날수록 점차 줄어든다. 열광적인 관심도 6개월 정도가 지나면 급격히 식는다. 아이돌에 대한 애정, 실연의 상처도 마찬가지다. 가만히 내버려두면 어떤 감정이든 6개월만 지나면 점차 잦아든다.

둘째, 대중은 모두가 좋아하는 것에 대해 시큰둥해진다. 인기 상품의 수요가 오래가지 않는 이유가 여기에 있다. 한때 좋아했던 밴드가 인기를 얻어 유명해지면 갑자기 관심이 식는 이유도 이것 때문이다. 이러한 청개구리 심보를 심리학에서는 '스놉 현상snob effect'이라 한다. 스놉은 본래 '허영'이나 '허세'를 의미하는 단어다.

인기를 유지하고 싶다면
꼬리 내린 개가 되어라

그렇다면 인기를 오래 유지하려면 어떻게 해야 할까? 실제로 최고의 인기를 꾸준히 이어가는 연예인은 흔치 않지만 존재한다. 그들은 항상 반년도 지나지 않아 드라마, 영화, CF, 신곡 등을 잇달아 내놓는다. 즉, 새로운 밴드왜건을 발차시킨다. 물론 이는 압도적인 실력이 바탕이 된 경우다.

하지만 모두가 그런 호화로운 밴드왜건을 내놓을 수는 없다. 그래서 일부 연예인들은 이유는 모르지만 인기가 있는 유형이 된다. 내가 관찰한 바로는 '이유는 모르지만 인기가 있는 유형'은 특정한 심리 현상을 적절하게 이용하는 경우가 많았다. 이들은 스놉 현상, 즉 청개구리 심보를 역으로 이용한다. 엄청난 인기의 파도에 편승하면 대중은 시큰둥해진다. 이 심리를 활용해 인기가 아닌, 잘나가지 못하는 모습을 드러내 대중의 공감을 얻는다. 이 전략이 바로 '언더독 효과 underdog effect'다.

예를 들어 한 이미지에 고정된 유명 연예인이 예상치 못한 결혼과 출산으로 일시적으로 대중의 관심에서 멀어졌다고 하자. 그 연예인이 이후 이혼을 하고 아이를 혼자 키우는 모습은 동성과 더 넓은 연령층의 공감을 얻을 수 있다. 그 사람은 이혼 전에는 특정 성별 또는 특정 집단의 동경의 대상에 지나지 않았지만, 이혼 후에는 더 넓은 층의 새로운 지지와 연대의 대상이 되기도 한다.

유명 아이돌이 인기가 시들해질 무렵, 영화에서 비극적이고 파란만장한 인물을 연기하거나 과감한 액션 또는 노출 연기로 대담함을 드러내며 연기파 배우로 자리매김하는 것도 같은 전략이다. 이는 심리학에서 말하는 언더독 효과를 상당히 노린 것이다. 파격적인 연기가 용기 있는 선택으로 받아들여지며 대중의 지지를 얻어 연기파 배우라는 새로운 정체성을 획득하게 되는 것이다.

연예인이 아니더라도 언더독 효과를 활용한 대표적 인물로 힐러리 클린턴을 들 수 있다. 그녀는 민선 변호사이자 미국 대통령의 영부인으로 화려하게 정치 무대에 등장했지만, 남편의 스캔들 이후 가련한 아내의 이미지로 세상의 동정을 얻었고 결국 대통령 후보의 지위까지 올라갔다. 그녀의 언더독 전략은 대통령 예비선거 와중에도 이따금 보였다. 열세가 보도된 직후 눈물을 흘린 장면이 화제가 되자 다른 주에서 갑자기 지지율이 급상승했던 사례는 이를 단적으로 보여준다.

언더독 효과는 절대적인 힘을 발휘한다. 핵심은 글자 그대로 '꼬리를 내린 개'가 되는 것이다. 즉, 약한 모습을 보여야 한다는 것이다.

**친근감은
동경보다 오래간다**

오랫동안 인기를 유지하려면 밴드왜건 효과로 먼저 동경을 모으고, 바야흐로 그 인기가 시들해지면 언더독 효과로 친근감을 유도해야 한다. 사람은 결점과 그늘이 있는 사람에게 친근감을 느끼고 어느새 응원하고 싶어지는 게 인지상정이기 때문이다. 한때의 인기를 상실한 이들에게 느끼는 마음인 '친근감'은 사실 인기 절정에 있던 그들에게 품었던 마음, '동경'과 본질적으로 같다. 얼핏 정반대로 보이지만 심리학적으로는 같은 감정이라고 해도 좋을 정도다.

결국 인간이 사물에 대해 품는 감정은 접근하고 싶거나 회피하고 싶다는 2가지 감정밖에 없으며, 동경과 친근감 모두 '좀 더 다가가고 싶은 마음'으로 귀결된다. 그리고 이 공식으로 부활한 사람은 단순한 인기인보다 오래간다. 왜냐하면 친근감은 동경보다 지속성이 높기 때문이다.

다만 중요한 점이 있다. 다른 사람에게 약한 모습을 보여 친근감을 무기로 삼는 이 언더독 효과는 반드시 밴드왜건 효과 이후에 비로소 발휘된다는 점이다. 가령 콜롬보 형사가 "우리 와이프가 말이지……" 하며 푸근한 일상을 털어놓는 모습에 우리가 친근감을 느끼는 것도 그가 실력을 인정받은 형사이기 때문에 가능한 것이다. 핵심은 성공 실적이 있는 사람이 약한 모습을 보여야 한다는 점이다. 애초에 별 볼 일 없는 사람이 "나는 정말 변변찮은 인간이야……"라고 약한 모습을 보이면 대중의 반응은 그저 "그

그림 15 **장기 히트 상품의 이론**

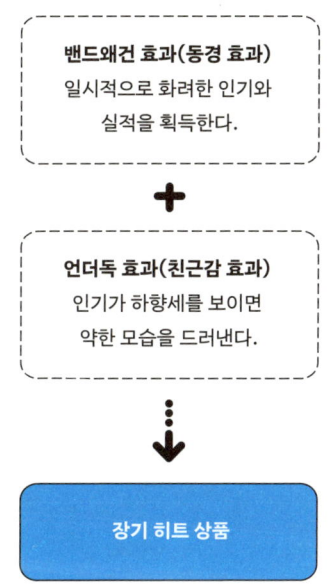

밴드왜건 효과(동경 효과)만으로는 부족하다. 언더독 효과(친근감 효과)만으로도 부족하다. 2가지 효과가 긴밀하게 조합되어야 인기를 오래 유지할 수 있다.

래, 그렇구나" 정도로 끝난다(그림 15).

따라서 겸손이라는 언더독 효과를 활용하려면 우선 남다른 실적, 즉 밴드왜건 효과가 선행되어야 한다.

힘들이지 않고
사람의 마음을 얻는 심리 기술

칭찬은 자주 하는 것보다
한 번 할 때 잘하는 게 중요하다

'조-해리의 창' 이론

여러분은 칭찬을 잘하는 사람인가? 정말 자신 있는가? 평소 별 뜻 없이 사용하는 칭찬의 말. 동료에게 "오늘 프레젠테이션 정말 좋았어"라고 말을 건네거나, 신경 써서 근사한 옷을 입은 사람에겐 "항상 패션 감각이 좋으시네요"라며 짐짓 감탄해 보이기도 한다. 상대방을 기쁘게 하고 싶고, 더욱 깊은 동료애를 쌓고 싶다는 마음에 우리는 다양한 형용사를 구사해 어떻게든 상대방의 기분을 띄우려 애쓴다.

분명 칭찬을 받으면 누구나 기분이 좋다. 그것도 자신의 자존감의 핵심을 찌르는 말이라면 감동을 느끼기까지 한다. 그렇다면 한번 생각해보자. 여러분이 평소 쓰는 칭찬의 말, 그 말은 정말 상대방의 가려운 곳을 확실히 긁어주고 있는가? 감동을 주고 있는가? 즉, 여러분의 칭찬은 상대방에게 진짜 '정답'이 되고 있을까?

내가 왜 이런 걱정을 하느냐고? 그것은 상대방을 그냥 칭찬한다고 해서 다가 아니기 때문이다. 커뮤니케이션에서 칭찬은 그렇게 단순한 문제가 아니며, 이는 심리학적으로도 밝혀진 사실이다. **잘못된 칭찬은 득이 되기는커녕 오히려 상대방의 마음을 상하게 할 수도 있다.**

특히 '기만적인 커뮤니케이션'이라 불리는 연구 분야에서는 좋은 의도로 했던 말이 오히려 상대방을 불쾌하게 하거나 발언자의 인간성까지 의심하게 만드는 무서운 현상이 보고되었다. 기껏 칭찬했더니 상대방은 칭찬한 사람을 가식적이라거나 믿을 수 없는 사람이라고 여기게 된 것이다.

흔히 사람은 칭찬으로 자란다고 쉽게 말하지만, 사실 칭찬은 매우 어려운 기술이다. 자칫 잘못하면 비행기 태우기나 아첨, 아부처럼 교활한 인상을 줄 수 있기 때문이다. 그러므로 만약 스스로 '나는 참 칭찬을 잘하는 편이야'라고 믿고 있다면, 실은 자신도 모르게 잘못된 말을 다른 사람에게 퍼붓고 있을지도 모른다. 정말 등골이 서늘한 이야기다.

<u>진정한 칭찬은 그런 부정적인 결과를 낳지 않는다. 제대로 된 칭찬은 상대방에게 동기를 부여하고 좋은 인상을 주며, 감사받는 유쾌한 감정으로 연결된다. 그러려면 현명하게 형용사를 선택해 말해야 한다.</u>

그렇다면 어떻게 칭찬하는 게 올바른 칭찬일까? 이번 장에서는 '조-해리의 창Johari's Window'(그림 16)이라 부르는 심리학 이론을 통해 그 답을 찾아보자.

마릴린 먼로에게 '섹시하다'고 말하지 말라

조-해리의 창은 자아self가 어떤 구조로 이루어졌는지를 '창'에 비유해 설명한 심리학 이론이다. 자아란 개개인의 정체성을 의미한다. '조-해리'라는 명칭은 이 이론을 제창한 조지프 루프트Joseph Luft와 해리 잉햄Harry Ingham이라는 두 심리학자의 이름을 합친 것이다. 조지프 박사와 해리 박사는 인간은 하나의 자아로 살아가지 않고 4개의 자아를 동시에 지니고 살아간다고 보았다.

① 본인도 알고 타인도 아는 자아 = 이미 열린 창
② 본인만 아는 자아 = 숨겨진 창
③ 타인만 아는 자아 = 열릴 가능성이 있는 창
④ 아무도 모르는 자아 = 닫힌 창

심리 상담에서는 이 모든 창을 하나하나 분석하고 4개의 창을 모조리 두드려가면서 피상담자의 자아에 대해 진정으로 공감하려 한다. 그 과정에서 '선생님은 저를 진심으로 이해해주시는군요'라는 신뢰와 안심을 상대에게 심어준다. 즉, 상대방의 모든 것을 긍정하고 마음에 충족감을 주는 것. 이것이 심리학적으로 엄밀히 말해 칭찬의 영역에 도달하는 과정이다.

다만 이러한 방식은 전문 지식을 가진 상담자가 카운슬링이라는 특수한 관계 안에서만 가능한 일이다. 예를 들어 ②의 '본인만 아는 자아'는 상대방이 분석 중에 마음을 활짝 열어야만 보이기 시작한다. ④의 '아무도 모르는 자아'는 한층 복잡하다. 본인조차 인식하지 못하는 심층 심리인 것이다. 이는 전문가가 긴 시간 공들여서 풀어나가야만 윤곽이 보이는 난해한 영역이다.

결국 일상에서는 4개의 창 모두를 이해하고 인정하는 '진정한 이해'에 도달하는 것이 애석하게도 불가능에 가깝다. ②와 ④의 창은 전문가가 특수한 기능을 구사해야 겨우 도달 가능한 극히 까다로운 영역이다. 따라서 우리가 일상적으로 손쉽게 두드릴 수 있는 창은 ①의 '본인도 타인도 아는 자아'와 ③의 '타인만 아는 자아' 2가지로 압축된다.

이 중 ①은 가장 진입장벽이 낮아 누구나 쉽게 언어화할 수 있다. 예를 들어 누군가 내게 "심리학을 잘 아시네요"라고 말하는 것과 같다. 마릴린 먼로에게 "관능적이시네요" 혹은 "참 미인이시네요"라고 말하는 것도 같은 맥락이다. 분명 ①의 창을 두드리며 침이 마르도록 칭찬한다. 그러나 그것은 굳이 말하지 않아도 본인도 알고 있는 장점이다. 심리학적으로는 오히려 '당신은 그 부분을 일부러 드러내고 있지요?'라고 지적당한 기분이 들 수 있다.

이것이 바로 칭찬의 아찔한 함정이다. 열심히 칭찬하려는 의도가 오히려 상대방 마음에 그림자를 드리울지도 모른다. 평범하다는 인식, 진부함, 피상적인 관찰밖에 못 하는 사람…… 그런 부정적인 기억으로 남게 될 위험이 있다.

그뿐이 아니다. 기만적인 커뮤니케이션 연구에서는 당연한 사실을 되풀이해 말하면 거짓말처럼 들린다는 무서운 현상도 보고되었다. 간담이 서늘하지 않은가? 이미 알려진 사실을 여러 번 언급하면 상대방은 기뻐하기는커녕 오히려 미심쩍음과 답답함을 느낀다. 그래서는 열심히 칭찬해봤자 점점 경박하게만 보이고, 역효과로 미움만 사는 꼴이 된다.

다들 의외성을 지적해주길 바란다

사람들이 진심으로 듣고 싶어 하는 칭찬은 ①의 창이 아니다. 주목해야 할 곳은 ③ '타인만 아는 자아'의 창이다.

이 창은 상대방은 모르지만 우리는 보이는 부분이다. 복잡한 심리 분석 없이도 접근할 수 있다. 과거에 타인이 알아채주지 않았던 부분을 지적해주면 상대방의 마음을 단숨에 사로잡을 수 있다. 4개의 창 중 가장 쉽고 효율적인 방법이다.

<u>본인은 모르지만 타인은 아는 '열릴 가능성이 있는 창'을 두드려주는 것.</u> 이것이 상대방이 가진 숨은 매력을 꽃피우게 하는 남다른 칭찬의 비결이다. 스스로는 생각지 못했던 부분을 지적받으면 '어? 정말 나한테 그런 면이 있었어?'라며 의외성을 느낀다. 이 의외성이야말로 칭찬의 핵심이다. 상대방은 '이 사람만 내 가능성을 발견해주었다. 특별한 사람이다'라고 여기게 된다.

그렇다면 마릴린 먼로의 ③의 창을 두드려볼까? 예를 들어 "당신에게서 지성이 느껴져요"라든가 "겉모습은 화려하지만 왠지 모르게 쓸쓸해 보이시네요" 정도의 말이면 적당하다. 누구의 눈에나 뻔히 보이는 섹시함 대신, 그녀의 숨겨진 참 매력을 발견해주는 것이다. 이런 방식의 칭찬은 흔하고 뻔한 칭찬보다 그녀의 마음을 사로잡을 확률이 몇 배나 높다고 할 수 있다.

**오래도록 기억에 남는
궁극의 칭찬 기술**

이것은 사견이지만 10명 중 9명은 칭찬할 때 ①의 창만 두

그림 16 조-해리의 창

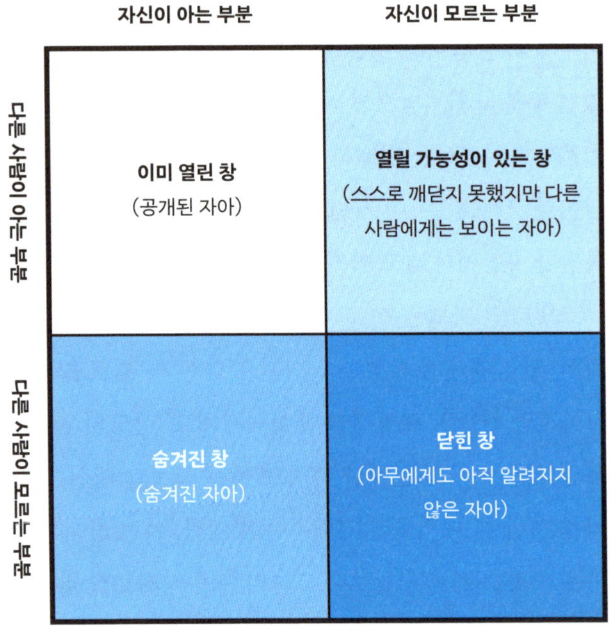

	자신이 아는 부분	자신이 모르는 부분
다른 사람이 아는 부분	**이미 열린 창** (공개된 자아)	**열릴 가능성이 있는 창** (스스로 깨닫지 못했지만 다른 사람에게는 보이는 자아)
다른 사람이 모르는 부분	**숨겨진 창** (숨겨진 자아)	**닫힌 창** (아무에게도 아직 알려지지 않은 자아)

마릴린 먼로에게 "당신은 참 관능적이시네요"라고 말하면 '이미 열린 창'을 두드리는 것이다. 이는 입에 발린 소리처럼 들리므로 경계해야 한다. 사람은 모두 자신의 의외성을 지적받길 바라므로, 두드려야 할 창은 '열릴 가능성이 있는 창'(스스로는 알아차리지 못했지만 타인은 아는 자아)이다.

드린다. 즉, 누구나 아는 당연한 사실을 반복해서 말할 뿐이다. 그렇게 해서는 상대방의 마음에 반향을 일으키기는커녕 입에 발린 말처럼 들려 자칫 아첨으로 치부되기 쉽다. 그래서 더더욱 주의가 필요하다.

반면 나머지 한 사람은 교묘하게 ③의 창을 두드린다. 실제로 그런 사람들은 다양한 상황에서 리더십을 발휘하며, 말하자면 '영향력 있는 사람'이 된다.

예를 들어 유치원에 다니는 자녀를 둔 어머니 모임에서 어떤 사람이 모임의 중심인물이 되고 리더십을 발휘하는지를 검증한 실험이 있다. 그 결과 리더가 되는 사람은 칭찬에 능숙한 어머니라는 사실이 확인되었다.

리더 격인 어머니는 다른 아이들의 모습이나 행동을 유심히 관찰하고 부모조차 깨닫지 못했던 의외의 장점을 짚어준다. 즉, 칭찬하는 방식이 말 그대로 군계일학이다. "정말 귀엽게 생겼네", "똑똑하기도 하지"처럼 흔해빠진 ①의 창은 건드리지 않는다. 대신 한층 예리하게 핵심을 찌른다. 가령 "속눈썹이 어쩜 이렇게 길까!", "머릿결이 비단결 같다는 말 자주 듣지 않아요?", "눈빛이 초롱초롱한 게 아주 호기심이 많구나"처럼, 상대 부모가 미처 의식하지 못했던 세부 사항을 짚어주는 것이다. 이런 방식은 타의 추종을 불허한다.

이것은 어머니 모임에만 국한된 이야기가 아니다. 사람에게 동기 부여를 잘하는 리더나 일류 서비스업 종사자들도 평소에 자연스럽게 ③의 창을 두드린다.

물론 이론상으로는 조-해리의 창 전부를 두드리는 것이 최선이다. 그러나 ②와 ④는 심리 분석 전문가의 영역이고, ①은 이미 본인도 아는 진부한 부분이다. 그러므로 우리가 다른 사람을 칭찬할 때 두드려야 할 창은 ③의 '타인만 아는 자아'의 '열릴 가능성이 있는 창'이다.

이 창은 상대방이 아직 깨닫지 못한 매력이나 능력, 가능성이다. 그 숨겨진 '당연한 사실'을 찾아내 짚어주는 것이 상대방의 마음을 사로잡고 오래도록 기억에 남는 궁극의 칭찬 기술이다.

왜 불륜 커플은 서로를
더 끔찍이 여길까

심리적 저항과 자기 효능

주위의 반대로 만남조차 쉽지 않은 불륜 커플. 이는 오전 시간 멜로드라마 속 이야기가 아니다. 현실에서도 상당히 흔한 사례다. 게다가 그런 커플이 오히려 오래가는 경우도 많다. 여러분 주변에도 그런 사례가 있지 않은가? 아니면 여러분 자신이 그런 경험을 한 적은…… 없을까?

당사자들은 '너무 늦게 찾아온 운명의 만남'이라며 불타오르지만, 심리학적으로 보면 불륜은 딱히 운명의 만남도, 신의 장난도 아니다. 사람은 뜻대로 되지 않는 관계일수록 열광적으로 밀접한 관계성을 추구하며 견고한 관계를 구

축한다. 이것이 인간 마음에 잠재된 불변의 성질이다.

심리학에서는 이러한 마음의 현상을 '심리적 저항psychological reactance'(그림 17)이라 부른다. 저항은 말 그대로 반발심을 뜻하며, '유도저항 이론reactance theory'에 해당하는 개념이다. 즉, 하지 말라고 하면 더 하고 싶어지는, 하지 말아야 한다는 것을 알면서도 더 끌리는 현상이다.

아무리 냉정하고 자존심이 강한 사람이라도 거역하기 힘든 성질이다. 오히려 학자나 교수 등 지성과 교양을 갖춘 사람일수록 이 심리적 저항이 더 강하다고 본다. 냉정을 가장하는 사람일수록 '금지된 장난'을 사랑해 마지않는 법이다.

공공연히 사귀는 오래된 연인이나 당당하게 접근하는 상대보다 남몰래 스리슬쩍, 게다가 아주 가끔씩 만나는 상대가 더 매력적으로 느껴진다(이것 역시 착각의 일종이겠지만!). 비밀 데이트에서 "이번 주말에는 남편과 약속이 있어서 만날 수 없어. 미안해"라는 말로 거절당하면 냉정함 따위는 순식간에 사라지고 심리적 저항이 급상승한다. 친구나 동료에게 그런 관계는 이제 그만두라는 책망이라도 들은 날에는 심리적 저항이 두 배로 폭발한다. 결국 금지된 장난은 더 숭고하고 낭만적인 사랑으로 여겨진다. 어리석

그림 17 **심리적 저항**

저항은 반발심을 뜻한다. 안된다는 말을 들으면 하고 싶어지고, 하라고 하면 왠지 그만하고 싶어지는 게 인간의 본성이다. 불륜이 의외로 오래가는 이유도 여기에 있다.

고 무모한 불륜 드라마가 줄곧 지속되는 이유는 바로 이 심리적 저항의 선물이다.

가장 강력한 선전 문구는
'상영 금지'

심리적 저항이라는 심리학 용어는 미국에서는 '칼리굴라 효과caligula effect'라고도 부른다. 이는 실제로 일어난 특정 사건에서 유래했다.

〈칼리굴라〉는 1980년에 개봉한 영화로, 로마 황제 칼리굴라의 생애를 다뤘다. 그는 천재적인 정치가였지만 존속까지 참살했던 광기 어린 폭군으로 악명을 떨친 역사적 인물이다. 그의 광기 어린 삶을 사실적으로 그린 이 영화는 너무나 잔혹한 장면과 성적인 묘사가 많다는 이유로 미국의 보스턴에서 갑자기 상영 금지령이 내려졌다. 보스턴은 수많은 명문대학이 밀집한 학구적인 도시이자 경치가 아름답기로 소문난 품위 있는 도시였다. 그런 도시 분위기 속에서 〈칼리굴라〉와 같은 영화가 풍기문란으로 간주된 것도 무리는 아니었다.

그러나 '상영 금지'라는 말은 보스턴 시민들에게 강렬한 충격을 주었고, 심리적 저항이 대폭발했다. 수많은 사람들이 예사롭지 않은 흥미를 보이며 영화를 보기 위해 인접 도시의 영화관으로 몰려들었다. 덕분에 인접 도시는 보스턴 시민들로 북새통을 이루었고 영화는 기대 이상의 흥행과 화제성을 누렸다. 결국 높은 인기에 힘입어 보스턴에서도 영화 상영을 허가했고, 〈칼리굴라〉는 공전의 히트를 쳤다. 평소 영화에 거의 관심을 보이지 않던 귀부인들까지 영화관에 몰려들었을 정도라고 한다. 게다가 영화를 본 관객들의 감상이 대단했다. 고명한 평론가까지 입에 침이 마르도록 극찬했다. 〈칼리굴라〉는 공개 당시만 해도 눈요기 위주의 자극적인 상업 영화로 평가받았지만, 점차 예술 영화로 인정받게 되었다.

 '금지'는 흥미와 관심을 자극할 뿐 아니라 금지된 대상의 매력과 그 가치를 더 높여준다. 불륜 커플이 서로를 더할 나위 없는 미남미녀, 매력 넘치는 이성으로 바라보며 운명의 상대로 믿는 것도 이 때문이다. 아, 심리적 저항의 가공할 위력이여!

심리적 저항의 정체는
'내가 정하고 싶다'는 본능

심리적 저항은 청개구리 같은 특정한 성격만의 특성이 아니다. 누구나 많든 적든 갖고 있는 성질이다.

유아심리학에서는 아직 어린 아이들도 '금지된 장난감'에 강한 관심을 보이는 실험을 통해, 반발심이 선천적으로 지니고 태어난 성질임을 입증했다. 세 살부터 다섯 살까지의 유아들 앞에 다양한 장난감을 준비한다. 그리고 어머니에게 그중 하나를 적당히 골라 "이 장난감은 갖고 놀면 안 돼"라고 아이에게 일러주게 한다. 얼마간 아이들은 자유롭게 논다. 그러다 "자, 지금부터 마음에 드는 장난감을 갖고 놀렴" 하고 금지를 풀면 아이들은 그 금지된 장난감으로 달음질친다! 며칠 뒤 "이중 제일 갖고 싶은 장난감이 뭐야?"라고 물으면 전원이 예외 없이 금지된 장난감을 갖고 싶어 한다. '안 돼'라는 말을 들을수록 오히려 더 하고 싶어지고 금지 대상이 더욱 매력적으로 보인다. 겨우 세 살배기 아이도 심리적 저항을 갖고 있는 셈이다.

그렇다면 도대체 왜 우리는 이런 성질을 갖게 되었을까? 나는 그 이유가 '자기 효능$^{\text{self-efficacy}}$'이라는 본능의 표출 때문이라고 생각한다. 사람뿐 아니라 고등 영장류는 자신의 일은 자신이 정하고 싶다는 본능을 지닌다. 자신에 관한 일, 호불호와 장단점을 스스로 판단하고 결정하고 싶어 하는 것이다.

인간은 영장류 중에서도 특히 이런 자기 효능을 강하게 지니고 살아가고, 자신의 선택과 자율성을 통해 창조적인 문화를 발전시켜왔다. 즉, 인간에게는 '자기 효능을 유지하는 일=인간답게 사는 일'이라고 말해도 과언이 아니다. 그러므로 타인에게 '안 돼'라고 금지당하는 일은 자기 효능을 위협받는 긴급 사태이며, 상당한 심리적 스트레스를 유발한다.

그런 상황에서는 '어떻게든 잃어버린 자기 효능을 회복하고 싶다'는 충동에 가까운 욕구가 솟구치는 게 당연하다. 그래서 자기 효능을 지키기 위해 '나는 이게 하고 싶어', '이게 더 좋아'라고 자기주장을 펼치는 것이다. 심리적 저항의 정체는 바로 자기 효능이라는 인간 고유의 본능이다.

자신의 가치를 높이는 '한정 상품화' 기술

이제 누구의 마음속에나 존재하는 심리적 저항의 정체를 알게 되었으니, 인간관계나 일 등 일상생활에 활용하지 않는다면 아쉽지 않을까?

가장 손쉽게 심리적 저항을 활용하는 방법은 바로 한정판매다. '한정'이라는 말에는 이번 기회를 놓치면 두 번 다시 손에 넣을 수 없다는 암묵적인 금지의 의미가 담겨 있다. 이 말 한마디가 심리적 저항을 강하게 자극해 사람들의 마음을 뒤흔든다.

솔직히 말해, 나 역시 편의점에서 '여름 한정 파인애플 맛'이라는 이름이 붙은 초콜릿을 보면 저절로 탄성이 나오고 주저 없이 바구니에 집어넣는다. 한정 10개뿐이라는 화장품을 위해 쇼핑몰 개점 전부터 줄을 선 적도 있다. 남성이라면 '30잔 한정'을 내세운 맥주 전문점 앞에 묵묵히 줄을 서본 경험이 있을 것이다. 게다가 그렇게 1시간이나 기다려서 마신 환상의 맥주는 정말로 천국의 맛처럼 느껴진다.

이런 현상은 앞 장에서 살펴본 통제 착각이 일으키는 효과다. 사람은 고생해서 손에 넣은 물건에 가치를 부여하고 싶어 한다. 스스로 결정한 것이라면 더욱 좋은 것이라고 믿고 싶어 한다.

이렇게 한정이라는 금지가 가해진 물건에는 이런 심리적 메커니즘이 특히 강하게 작용하기 쉽다. 그래서 굳이 엄동설한에도 길게 줄을 서서 먹는 가게가, 줄이 없는 가게보다 단골 비율이 높다. 그러나 힘들게 얻은 감이 반드시 달콤하지 않듯, 고생 끝에 얻은 물건이 반드시 최상품이라는 보장은 없다. 다소 서글픈 현실이다.

그렇다면 이런 한정 기술을 인간관계에도 적용해보자. 여러분을 유능하고 가치 있는 사람으로 보이게 만드는 필살기다. 방법은 매우 간단하다. 거래처나 고객과 다음 약속 일정을 잡을 때 자신을 '한정된 자원'처럼 보이게 만드는 것이다. 예를 들어 "다음 미팅 말입니다만, ○일과 ○일 오전 중만 가능할 것 같습니다. 그 외에는 도무지 시간이 나지 않아서요……"라고 말하는 식이다. 실제로는 시간이 널널해도 일정이 빠듯한 것처럼 미팅 날짜를 한정해서 제시하면, 상대방은 당신에게 매력을 느끼게 된다. 마치 "주말은 와이프와 보내야 해시 안 돼"라고 말하는 불륜남처럼 말이다.

그저 가볍게 거드름만 피워도 상대의 심리적 저항이 자극된다. 만나는 날짜를 한정해놓으면 여러분은 바쁜 사람, 즉 최전선에서 활약하는 사람이 되어 가치가 급상승한다. 다음에 만나도 그만인 사람에서 '어떻게든 짬을 내 만나야 하는 사람'으로 격상하는 것이다.

반대로 상대방에게 호감을 사기 위해 새하얀 스케줄 수

첩을 내밀며 "전 언제든 괜찮습니다! 연락만 주시면 지구 끝까지라도 달려가겠습니다!"라고 말하는 것은 절대 금물이다. 그것은 여러분의 희소성 가치를 제로로 만드는, 손해만 보는 행동이다.

단 하나의 장애가
마음에 불을 지른다

하지만 이 한정 상품화 전략에는 반드시 지켜야 할 중요한 주의점이 있다. 바로 '장애물'을 하나만 만들어야 한다는 것이다. 예를 들어 "저는 스케줄도 빡빡하고, 부모님도 편찮으시고 돈도 없어서 좀처럼 만날 시간을 낼 수 없네요"처럼 사연을 구구절절 늘어놓는 남자는 십중팔구 뻥 차일 수밖에 없다. 장애가 너무 많으면 곤란하다. 아무리 심리적 저항이 강한 사람이라도, 이 정도로 지나치게 장애물이 많은 상대에게는 마음이 시들해진다. 그냥 귀찮아질 뿐이다.

한편, 이른바 '결혼 사기꾼'들의 수법을 조사해보면 그들은 하나같이 미남에 친절하고 멋쟁이라는 삼박자를 갖춰 여성들에게 약점을 보이지 않는다. 그러나 단 하나의 약점만은 슬쩍 흘린다. 예를 들면 이런 식이다.

"사실 나 빚이 좀 있어. 그래서 당장은 결혼할 수 없어." 이 말을 들은 여성의 심리적 저항은 순간 폭발한다. "이렇게나 서로 사랑하는데, 이렇게나 행복한데, 단 하나의 불행이 우리 사이를 갈라놓는구나. 빚 따위, 내가 까짓것 갚아버리지 뭐. 결혼하고 차근차근 함께 갚아나가면 되잖아."

이런 식으로 상대는 강렬한 충동에 사로잡힌다. <u>사람은 '이것만 해결하면'이라는 희망이 보이면 뼈 빠지게 고생을 해서라도 그 문제를 해결하고자 한다. 단 하나의 장애물, 이것이 상대의 심리적 저항을 극대화하는 열쇠다.</u> 종교가 다른 사람과의 결혼이 오히려 더 뜨거운 애정으로 이어지고, 결혼 생활도 충실히 이어진다는 의외의 연구 결과도 있다. "우리는 이렇게 사랑하는데, 단 하나의 종교 문제가 우리를 가로막는다." 이런 상황은 말 그대로 '로미오와 줄리엣'의 심리다.

단 하나의 장애가 두 사람의 마음에 영원히 불을 지핀다. 하나의 장애만 있는 한정 상품. 그런 자기 연출이 가능하다면, 연애든 비즈니스든 여러분은 누구에게나 가치 있는 사람으로 비춰질 것이다. 꼭 한번 시험해보길 바란다.

엉뚱한 4차원 캐릭터에게
묘하게 빠져드는 이유

인지 부조화

요즘 TV 버라이어티 프로그램이나 유튜브 콘텐츠에서 자주 보이는 4차원 연예인이나 어리바리한 캐릭터의 연예인들. 엉뚱하고 가끔은 도무지 무슨 말을 하는지 이해할 수도 없고, 복장도 어딘가 독특하다. 그런데도 이상하게 눈길이 가고 묘하게 신경이 쓰인다.

그들의 자유분방한 언동에 무심코 '저게 뭐야?'라는 생각이 들고, 결국 채널을 돌리지 않고 끝까지 지켜보게 된다. 어딘가 바보스러운 기분이 들면서도 자꾸만 빠져드는 경우가 적지 않다. 하지만 그것은 그들이 페로몬이 넘치기 때문도, 특별한 재능이 있기 때문도 아니다. 그렇다면 이런 4차원 연예인이나 백치 캐릭터들의 매력은 도대체 어디서 오는 걸까?

불협화음이 뇌리에
더 남는 이유

심리학적으로 보면 4차원 연예인의 매력은 '인지 부조화 이론cognitive dissonance theory'으로 설명할 수 있다. 인지할 때의 불협화음. 즉, 완벽하게 균형 잡힌 아름다운 '화음'보다 약간 어긋나고 아름답지만은 않은 '불협화음'이 오히려 사람의 기억에 더 강하게 남는다는 것이다. 자신의 상식과 경험과 어긋나는 기묘한 음악이나 영상을 접하면 '어? 뭔가 이상한데?'라며 줄곧 마음에 걸리게 된다.

  사람은 누구나 자신 안의 상식과 새로 알게 된 지식 사이에 일관성과 연속성을 유지하고 싶어 한다. 일관성이나 연속성이 없으면 어딘가 불쾌하고 찜찜한 느낌이 남는다. 자신의 상식을 순식간에 뒤집는 비상식을 눈앞에 들이대면, 자신과 관련된 정보만 처리하고 싶어 하는 '쩨쩨한 뇌'

는 스트레스를 느낀다.

그럼에도 불구하고 사람의 마음은 이 불쾌감, 즉 모순과 위화감을 어떻게든 합리적이고 일관성 있는 상태로 되돌리려고 애쓰는 경향이 있다. 불협화음은 '배제하고 싶다' 또는 '일관성 있는 화음으로 수정하고 싶다'는 충동을 불러일으킨다. 그래서 오히려 더 마음에 깊이 남는다. 상대를 안절부절 못하게 만들고, 신경을 긁으며, 끝내 기억에 강하게 각인시키는 것이다. 이것이 인지 부조화의 힘이다.

결국 4차원 연예인은 바로 이 '불협화음' 그 자체라 할 수 있다. '저 사람, TV에서 저렇게 솔직하게 말해도 되는 거야? 진짜 특이하다. 보통 저런 말은 공개 석상에서는 잘 안 하지 않나?'

그들을 보고 있으면 이런 초조함과 조바심이 마음속을 맴돌아 좀처럼 잊히지 않는다. 비단 연예인뿐 아니라 사회 곳곳에서도, 내게 상담을 하러 오는 사람들 중에도 엉뚱하면서 솔직한 4차원 캐릭터는 존재한다. 그런데도 우리는 어쩐지 그런 이들을 그냥 받아들인다. 그 심리의 근원 역시 인지 부조화에 있다.

호감을 얻는 황금비율
7 : 3

4차원 연예인이나 백치 캐릭터는 신경 쓰이면서도 매력적인 존재다. 그들이 인기인이 되는 배경에는 이런 심리학적 장치가 숨어 있다. 그렇다고 해서 우리가 일부러 4차원 캐릭터가 되는 건 생각만큼 쉽지 않다. 오히려 철저히 4차원 캐릭터를 목표로 삼고 행동해 '이해불능' 수준에 이르면 결코 인기인이 될 수 없다.

피복 심리학의 한 실험에 따르면, 품위 있고 규범에 맞는 복장을 하면서도 '약간'의 개성적인 장식을 더한 패션이 가장 매력적으로 느껴진다고 한다. 조사 결과, 가장 호감을 얻는 패션의 황금비율은 '무난 : 개성적 = 7 : 3'이었다(그림 18).

행동 심리학에서도 이와 유사한 실험이 있었다. 식품 매장에서 시식 판매원이 다양한 복장을 입은 뒤 판매에 나섰는데, 판매원 복장에 따라 실제 매출이 달라졌다는 결과가 나왔다. 딱 떨어지는 정장 차림으로 또랑또랑하게 인사하는 판매사원보다 말쑥한 정장에 미묘하게 촌스러운 앞치마를 걸친, 어딘가 빈틈이 있어 보이는 판매사원의 모객력

그림 18 궁극의 인기 비결 1

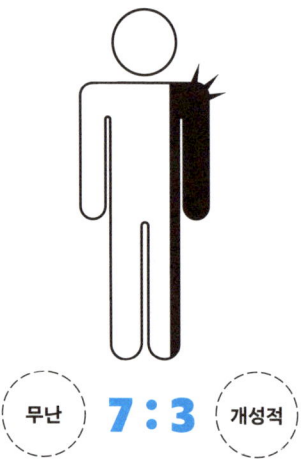

무난 **7 : 3** 개성적

'100% 무난'도 '100% 개성적'도 매력적으로 느껴지지 않는다. 즉, 인기가 없다. 적절한 조합이 필요하다. 궁극의 인기를 원한다면 인지 부조화 이론을 완벽하게 활용해 '70% 무난', '30% 개성'을 의식해야 한다.

이 압도적으로 높았다.

    반면 후줄근한 작업복에 우물쭈물 인사도 제대로 못 하는 판매사원은 가망이 없었다. 결국 '완벽 : 빈틈=7 : 3'이 모객력 향상의 비결이었다.

    앞서 언급한 4차원 캐릭터 역시 '보통 : 4차원'을 의도치 않게 '7 : 3 황금비율'로 유지하는 사람들이 아닐까? 그러므로 '평범하지 않은', '4차원' 인기인이 되는 것이다.

결론은 간단하다. 70%는 멋지게, 30%는 별나게, 70%는 똑똑하게, 30%는 엉뚱하게. 이런 연출이 가능하다면 누구나 매력 있고 자꾸 눈길이 가는 사람이 될 수 있다.

사람을 얻고 기회를 누리는 사람들은 무엇이 다를까?

자기 지각 이론

연애든 인간관계든 늘 누군가에게 관심과 호감을 한 몸에 받는 사람이 있다. 상대에게 특별한 대우를 받으며 언제나 인기의 중심에 서 있는 사람. 단순히 외모가 뛰어나서일까? 그것만으로는 설명이 부족하다. 도대체 이유가 뭘까? 그렇다면 그 사람에게 호감을 품고 헌신하는 이에게 물어보자.

"왜 당신은 그 사람에게 그렇게 헌신하나요?" 그는 틀림없이 이렇게 대답하리라. "그거야 물론 그 사람을 사랑하니까요."

그림 19 자기 지각 이론

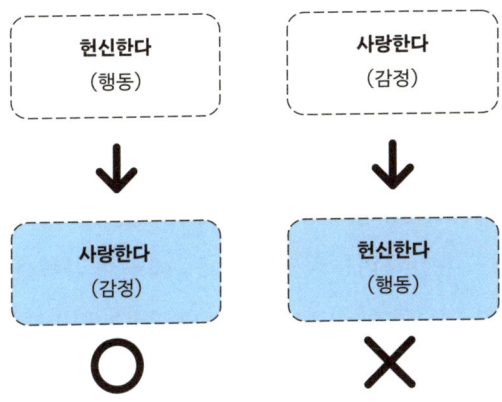

자기 지각 이론에 따르면, '슬픔'이 있어서 '눈물'을 흘리는 것이 아니라, '눈물'을 흘리고 나서야 비로소 '슬픔'을 느끼게 된다. 마찬가지로 '사랑'하기 때문에 '헌신'하는 것이 아니라, '헌신'이라는 행동이 먼저이고 그 뒤에 '사랑'이라는 감정이 따라온다. 즉, 행동이 먼저고 감정은 나중이다.

사랑하기에 헌신한다. 당연한 말처럼 들리겠지만 최신 심리학은 이와 정반대의 답을 제시한다. 바로 '자기 지각 이론self-perception theory'이다. 즉, '헌신'이라는 행동이 먼저고 그로 인해 '사랑'이라는 감정이 고양된다. 우리는 '눈물'을 흘리면서 '슬픔'을 깨닫고, '화'를 내면서 '분노'를 자각한다(그림 19). 사람은 행동을 통해 비로소 감정을 분명하게 인식하는 일면을 가진 모양이다.

이런 인간 심리를 증명하는 재미있는 실험이 있다. 남녀노소 다양한 사람들에게 숨을 최대한 가쁘게 내쉬도록 하는 '과호흡 실험'을 진행했다. 그러자 그때까지 아무렇지도 않던 사람들이 별다른 이유 없이 불안해하고 긴장하기 시작했다. 이 현상은 연령과 남녀에 관계없이 누구에게나 일어났다. 흔히 우리는 불안하기 때문에 숨이 가빠졌다고 생각한다. 그러나 이 실험이 이끌어낸 결과는 정반대였다! 긴장해서 숨이 가빠지는 것이 아니라, 숨이 가빠져서 긴장감을 느끼는 것이다. 즉, 우리는 '거친 호흡'이라는 생리적 현상이 먼저 일어난 뒤에야 자신이 긴장했다는 감정을 자각한다.

심리학자인 다릴 벰Daryl Bem은 말했다. "행동이라는 사다리를 오르면 담 너머의 자아가 보인다."

<u>눈물을 흘리며 비로소 슬픔을 자각하고 호통을 치며 분노를 느끼는 것처럼, 인간의 감정은 종종 행동 뒤에 따라온다. 이러한 심리 메커니즘을 알면 자신의 감정을 보다 잘 이해하고 그것을 능동적으로 활용하는 법도 배울 수 있다.</u>

스토커는 숨어서 기다리며
집착에 빠진다

의외로 스토킹 역시 행동이 감정을 낳는다는 심리 메커니즘과 깊은 관련이 있다. 스토킹 행동을 반복하는 이들의 머릿속에서는 대략 이런 일이 벌어진다. '내가 이렇게까지 숨어서 기다리고 계속 연락을 하는 건 그만큼 그 사람을 사랑하기 때문이야.'

아이러니하게도 이런 행동은 오히려 스토커의 마음을 더욱 불타오르게 만든다. 폭력적인 연인과 헤어지지 못하는 경우에도 비슷한 심리가 작용한다. '이런 고통을 감수하면서까지 이 관계를 이어가는 건, 내가 그 사람을 진심으로 사랑하기 때문이야.'

상대의 폭력이나 학대가 반복될수록 오히려 관계를 끊지 못하는 마음이 강해지는 경우도 있다.

이쯤에서 앞서 이야기했던 특정한 매력으로 언제 어디서나 인기를 얻는 사람 이야기로 돌아가보자. 이제까지의 내용을 바탕으로 생각해보면, 그 사람은 왜 그렇게 늘 관심과 호감을 받는 걸까? 그 이유는 바로 상대방이 '헌신'이라는 행동을 하도록 만들기 때문이다. 상대는 자신이 헌신하는 이유를 사랑하기 때문이라고 해석한다.

그러므로 여러분도 만약 누군가가 마음을 담아 선물을 하거나 도움을 주고 싶어 한다면, 억지로 사양하기보다는 감사히 받아들이는 것이 좋다. 왜냐하면 선물이 크고 정성이 깊을수록, 상대는 자신이 상대방을 더 깊이 좋아한다고 스스로 믿게 되기 때문이다.

만남의 빈도가
호감을 결정한다

'그래도 저는 그만큼 특별한 매력을 가진 사람이 아닌걸요. 누가 저 같은 사람에게 헌신하겠어요.' 이렇게 소극적인 생각을 가진 사람이라도 걱정할 필요는 없다. 조금만 자기 지각 이론을 응용하면, 상대의 마음을 얻을 확률이 한층 높아질 수 있다. 방법은 간단하다. 감정을 유발하는 것은 꼭 '행동'만이 아니라 '환경' 역시 큰 영향을 미친다는 점을 활용하는 것이다. 실제로 환경에 의한 유사행동 효과는 다음과 같은 실험으로 밝혀졌다.

어떤 영화를 두 그룹에게 보여주고 한 그룹에는 크게 폭소하는 사람을, 다른 그룹에는 눈물을 흘리는 사람을 일부러 배치했다. 영화가 끝나고 영화 감상을 각 그룹에게 묻자, 폭소 바람잡이를 넣은 그룹은 한결같이 유쾌한 영화였다고 대답했다. 반면 눈물 바람잡이를 넣은 그룹은 입을 모아 슬픈 영화였다고 답했다.

같은 영화를 봤는데 왜 이런 차이가 생기는 걸까? 이는 결국 그 순간의 분위기, 즉 환경이 감정을 유발하는 방식에 영향을 미치기 때문이다. 주변 환경에 따라 유사한 행동이 자연스럽게 유도되고 그 행동은 다시 감정을 형성하는 데 영향을 준다.

어떤 나라에서는 장례식장에서 일부러 큰 소리로 곡을 하는 풍습이 있다고 한다. 그 나라에는 전문으로 곡을 하는 직업까지 있을 정도라고 한다. 이러한 사실은 '환경=유사 행동→감정'을 이용한 시스템이라고 할 수 있다. 고인을 충분히 애도하도록 사전에 환경을 조성해 조문객들의 슬픔을 북돋우는 일종의 심리학적 장치인 셈이다.

이 원리는 인기 비결과도 밀접하게 관련이 있다. 한 실험에서는 참가자들에게 평균적인 외모의 사람과 전형적인 미남미녀로 여겨지는 사람의 사진을 보여주고, 어느 쪽이 더 매력적인지를 물었다. 이때 평균적인 외모의 사진은 여러 차례 반복해서 보여주었고, 전형적인 미남미녀의 사진은 단 한 번만 보여주었다. 그러자 참가자들은 압도적으로 평균적인 외모의 사람이 더 매력적이라고 답했다!

이 실험은 여러 번 사진을 본다는 '환경'에 의해(실제로는 단순히 '보여주었음'에 불과한데도) '이렇게 그 사람의 얼굴이 눈에 자꾸 들어오는 걸 보면 난 이 사람에게 마음이 있는 건가 봐'라고 뇌가 멋대로 해석한다는 사실을 보여준다. 심리학에서는 이것을 '단순 노출 효과 mere exposure effect'라고 부른다.

즉, 그와 그녀의 마음을 얻고 싶다면 어떤 이유에서든 얼굴을 자주 볼 기회를 만드는 것이 핵심이다. 몇 번 둘이서 만나다 보니 어느새 사귀게 되었다는 이야기를 자주 듣지 않는가? 직장이나 아르바이트하는 곳, 동아리처럼 한 울타리 안에서 연인이 많이 생기는 이유는 서로 반했기 때문이 아니라, 실은 그저 '자주 만났기' 때문이다.

결론적으로 인기 있는 사람의 비결은 2가지로 정리할 수 있다(그림 20).

① 상대가 헌신하도록 유도한다.
② 자주 얼굴을 볼 환경을 만든다.

`그림 20` **궁극의 인기 비결 2**

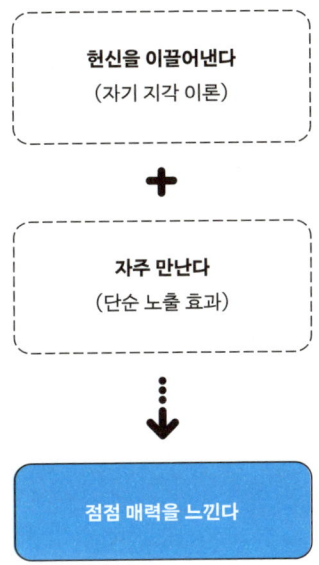

상대방으로 하여금 헌신하도록 만들어 '사랑'이라는 감정을 싹 틔우고, 자주 만남으로써 평범한 외모의 자신을 점차 '매력적인 사람'으로 인식하게 만드는 이 2가지 조합은 결국 상대방이 여러분에게 푹 빠지게 만드는 비결이 된다.

다소 허무하게 들리겠지만 속는 셈 치고 시도해볼 가치는 충분하지 않을까?

감사의 말

여기까지 읽은 독자 여러분의 감상이 궁금하다. 부디 재미있게 읽으셨기를…….

일단 이 책을 끝까지 읽은 여러분은, 자신의 마음을 다루거나 다른 사람의 마음을 움직이는 방법에 대해 상당히 박식해졌을 것이다. 사실 이 정도면 심리학을 전공한 대학생 못지않은 수준의 지식을 머릿속에 자연스럽게 새겨 넣은 셈이다. 솔직히 말해서 이 이상의 이론은 이제 어디를 찾아봐도 쉽게 보기 어렵다. 앞으로 남은 건 지금까지 배운 사실을 실천에 옮기는 일뿐이다.

요 몇 년간 일본 심리학계에 불어 닥친 한파는 정말 거세다. 한때 '사이콜로지'라는 그럴듯한 말에 끌려 너도나도 심리학에 기대를 품었던 달콤한 시절은 아쉽게도 끝나버린 듯하다. 오히려 지금은 '심리학=어딘가 수상쩍은 학문'이라는 부정적인 인상이 엄청난 기세로 세간에 퍼진 듯하다. 그 원인은 어쩌면 TV나 잡지, 인터넷 커뮤니티나 SNS 등에 떠도는 근거 없는 심리 테스트나 심리 상담, '점占'과 종이 한 장 차이밖에 나지 않는 가벼운 심리학의 유포에 있는지도 모르겠다.

나 역시 최근 전대미문의 '심리학의 위기'를 실감하고 있다. 나는 대학에서 심리학 개론과 인지심리학 강의를 맡고 있지만, 예년에 비해 첫 수업 때 느끼는 '어려움'조차 사라졌다. 대다수의 학생들은 대놓고 심리학에 흥미가 없으며, 그저 학점이 필요해서 수업을 듣는다는 태도를 숨기지 않는다. 정말 냉정한 현실이다.

지면을 빌려 하소연하자면, 그런 자리에서 가르치는 쪽의 막막함은 이루 말할 수 없다. 마치 적만 가득한 시합장에 홀로 나선 느낌과도 비슷하다. 이러한 심리학 이탈 현상은 확실히 예년보다 더욱 높아지고 있다는 느낌이 든다.

하지만 서글픔도 잠시뿐. 몇 년간 대학 강단에 서며 나는 중요한 사실을 깨달았다. 세 번째 강의쯤 되면 학생들의 태도가 재미있을 정도로 완전히 바뀌기 시작한다. 처음에는 따분해하던 학생들이 어느 순간부터 일제히 몸을 앞으로 내밀고 열심히 필기하며 맹렬하게 내 말을 받아 적는다. 때로는 거센 질문 공세에 휘말리기도 한다. "제 전공은 물리학이지만 대학원에 가면 꼭 심리학을 전공하고 싶습니다." 강의 마지막 날이면 이렇게 상담을 청하는 학생이 매년 반드시 나타난다. 학생들은 너 나 할 것 없이 사실에 기초한 진짜 학문을 원한다. 어려워도 좋으니 심리학에서 '보편적 진실'을 기대한다는 것이 솔직한 내 느낌이다.

내 강의는 때때로 꼬치꼬치 이론만 파고들어 딱딱하게 들릴 수도 있다. 그러나 어쩌면 그 점이 오히려 학생들의 신뢰를 얻었는지도 모르겠다. 내심 다행이라는 생각이 들었다.

언젠가 무난한 강의 주제를 준비하며 '진짜 심리학'을 가벼운 교양서 형태로 정리하고 싶다는 꿈을 꾸었다. 학술 논문 속 이론만이 아니라 우리 일상과 맞닿아 있는 심리 이야기에 초점을 맞춘 책을 써보고 싶다는 꿈이었다. 이 소망은 한 사람의 심리학자로서 내 오랜 꿈이었고, 이 책은 그 꿈이 거의 완벽에 가까운 형태로 구체화된 결과물이라고, 남몰래 자부하고 있다.

  이 책을 마무리하며, 이 꿈을 현실로 만들어준 매거진하우스 제1서적 편집부 무라오 마사히코 편집장님께 고맙다. 기획부터 편집까지 아낌없이 애써주신 점에 다시 한번 감사의 인사를 전하고 싶다. 또한 아낌없이 내게 힘을 보태준 오사와 지호 씨, 마쓰하라 고 씨에게도 진심으로 고개 숙여 감사의 마음을 전한다.

참고문헌

- Andersson, J. & Ronnberg, J. (1995). Recall suffers from collaboration: Joint recall effects of friendship and task complexity. Applied Cognitive Psychology, 9, 199-211.
- Andersson, J. & Ronnberg, J. (1996). Collaboration and memory: Effects of dyadic retrieval on different memory tasks. Applied Cognitive Psychology, 10, 171-181.
- Aronson, E. and Linder, D. (1965). Gain and loss of esteem as determinants of interpersonal attractiveness. Journal of Experimental Social Psychology, 1, 156-171.
- Basden, B. H., Basden, D. R., & Henry, S. (2000). Cost and benefits of collaborative remembering. Applied Cognitive Psychology, 14, 497-507.
- Betz, A. L., & Skowronski, J. J. (1997). Self-events and other events: Temporal dating and event memory. Memory & Cognition, 25, 701-714.
- Bower, G. H. (1981). Mood and Memory. American Psychologist, 36, 129-148.
- Brewer, W. E., & Treyens, J. C. (1981). Role of schemata in memory for places. Cognitive Psychology, 13, 207-230.
- Bruner, J. S., & Tagiuri, R. (1954). The perception of people. In G.

- Lindzey(Ed.), Handbook of social psychology. Addison-Wesley (http://webcat.nii.ac.jp/cgi-bin/ shsproc?id=BA08091579).
- Darley, J. M., & Gross, P. H. (1983). A hypothesis-confirming bias in labeling effects. Journal of Personality and Social Psychology, 44, 20 33.
- Ellis, A. (1962). Reason and emotion in psychotherapy. New York: Lyle Stuart.
- Ellis, A. (1996) Better, deeper, and more enduring brief therapy: The rational emotive behavior therapy approach. New York: Brunner/Mazel.
- Forer, B. R. (1949). The fallacy of personal validation: A classroom demonstration of gullibility. Journal of Abnormal and Social Psychology, 44, 118-123.
- Forgas, J. P., & Bower, G. H. (1987). Mood effects on person perception judgments. Journal of Personality and Social Psychology, 53, 53-60.
- Goff, L. M., & Roediger, H. L., III (1998). Imagination inflation for actionevents:Repeated imaginings lead to illusory recollections. Memory & Cognition, 26, 20-33.
- Hyman, E. & Billings, E. J. (1998). Individual differences and the creation of false childhood memories. Memory, 6, 1-20.
- Hyman, I. E. & Pentland, J. (1996). "The role of mental imagery in the creation of false childdhood memories" Journal of Memory and Language 35 101-117.
- 市川伸一(1997)「考えることの科学 推論の認知心理学への招待」中公新書
- 伊藤美加 (2000) 気分一致効果を巡る諸問題 気分状態と感情特性心理学評 43 (3), 368-386.
- 伊藤雄二(2002)「確率論」朝倉書店
- 嚴島行雄 (2001)「目撃証言と記憶の過程―符号化、貯藏 檢索」渡部 (監)

目撃証言の研究:法と心理学の架け橋をもとめて (pp. 22-51) 北大路書房

- Kelley, C. M., & Jacoby, L. L. (1996). Adult egocentrism: Subjective experience versus analytic-bases for judgment. Journal of Memory and Language, 35, 157-175.
- Lindsay, D. S., & Read, J. D. (1994). Psychotherapy and memories of childhood sexual abuse: A cognitive perspective. Applied Cognitive Psychology, 8, 281-338.
- Loftus, E. (1993). The Reality of Repressed Memories American Psychologist. May Vol. 48, 518-537.
- Loftus, E. F. & Pickrell, J. E. (1995). The formation of false memories. Psychiatric Annals, 25, 720-725.
- Mathews, A., & Bradley, B. (1983). Mood and the selfreference bias in recall. Behaviour Researchand Therapy, 21, 247-278.
- Milgram, S. (1974). Obedience to Authority: An Experimental View. Harpercollins.
- Milgram, S. (1963). "Behavioral Study of Obedience (http//content.apa.org/journals/abn/67/4/371)". Journal of Abnormal and Social Psychology 67: 371-378.
- 森直久 (1995) 協同想起事態における想起の機能と集団の性格 心理学評論, 38, 107-136.
- Ruscher, J. B., & Hammer, E. D. (http//www.tulane.edu/-jruscher/FormerGrads.html#Elliott) (1994). Revising disrupted impressions through conversation. Journal of Personality and Social Psychology, 64, 530-541.
- Rusting, C. L., & DeHart, T. (2000). Retrieving positive memories to regulate negative mood: Consequences for mood-congruent memory. Journal of Personality and Social Psychology Bulletin, 78, 737-752.

- Schooler, J. W. & Engstler-Schooler, T. Y. (1990). Verbal overshadowing of visual memories: some things are better left unsaid. Cognitive Psychology, 22, 36-71.
- Singer, J. A., & Salovey, P. (1988). Mood and memory: Evaluating the network theory of affect. Clinical Psychology Review, 8, 211-251.
- Skinner, B. F. (1953). Science and Human Behavior. New York: Macmillan.
- Tajfel, H. & Turner, J. C. (1986). The social identity theory of intergroup behavior. In S. Worchel & L. W. Austin (Eds.), Psychology of Intergroup Relations. Chigago: Nelson-Hall
- Wegner, D. M. (1989). White bears and other unwanted thoughts: Suppression, obsession, and the psychology of mentalcontrol. London: The Guilford Press.
- Wegner, D. M. (1994). Ironic processes of mental control. Psychological Review, 101, 34-52. Article (http//www.wjh.harvard.edu~wegner/pdfs/Wegner%20 Ironic%20Processes%201994.pdf).
- Wegner, D. M., & Erber, R. (1992). The hyperaccessibility of suppressed thoughts. Journal of Personality and Social Psychology (http//en.wikipedia.org/wiki/Journal_of_Personality_and_Social Psychology), 63, 903-912. Article (http//www.wjh.harvard.edu~wegner/pdfs/Wegner&Erber1992.pdf).
- Wegner, D. M., Erber, R. & Zanakos, S. (1993). Ironic processes in the mental control of mood and mood-related thought. Journal of Personality and Social Psychology (http://en.wikipedia.org/wiki/Journal_of_Personality_and_Social Psychology), 65, 1093-1104, Article(http://www.wjh.harvard.edu/~wegner/pdfs/Wegner,Erber,&Zanakos1993.pdf).

- Weldon, M. S. & Bellinger, K. D. (1997). Collective memory: Collaborative and individual processes in remembering. Journal of Experimental Psychology: Learning, Memory, & Cognition, 23, 1160-1175.
- Wenzlaff, R. M., Wegner, D. M., & Roper, D. (1988). Depression and mental control: The resurgence of unwanted negative thoughts. "Journal of Personality and Social Psychology (http://en.wikipedia.org/wiki/Journal_of Personality_and_Social Psychology)" Journal of Personality and Social Psychology, 55, 882-892.
- Zimbardo, P. G. "The human choice: Individuation, reason, and order versus deindividuation, impulse, and chaos (http://faculty.babson.edu/krollag/org_site/soc_psych/zimbardo_deinvid.html)". In W. J. Arnold & D. Levine (Eds.), 1969 Nebraska Symposium on Motivation (pp. 237-307). Lincoln, NE: University of Nebraska Press.

옮긴이 서수지

대학에서 철학을 전공했다. 직장에서 접한 일본어에 빠져들어 회사를 그만두고 본격적으로 일본어를 공부해 출판 번역의 길로 들어섰다. 옮긴 책으로 《세상에서 가장 재미있는 63가지 심리실험: 뇌과학편》, 《세상에서 가장 재미있는 61가지 심리실험: 인간관계편》, 《이상한 게 아니라 변하는 중입니다》, 《되받아치는 기술》, 《심리학자에게 배우는 자존감 관계법》, 《세계사를 바꾼 10가지 약》, 《처음 시작하는 북유럽 신화》, 《철학과 종교의 세계사》, 《대단한 의학》 등이 있다.

하루에도 몇 번씩
마음 뒤숭숭한 사람들을 위한

속 편한 심리학

1판 1쇄 발행	2025년 9월 23일

지은이	우에키 리에
옮긴이	서수지
기획편집	하선정 김은영
마케팅	이운섭
디자인	맨드라미
윈서 편집 협력	오사와 지호

펴낸곳	생각지도
출판등록	제2015-000165호
전화	02-547-7425
팩스	0505-333-7425
이메일	thmap@naver.com
블로그	blog.naver.com/thmap
인스타그램	@thmap_books

ISBN	979-11-87875-49-9 03180

· 책값은 뒤표지에 있습니다.
· 잘못된 책은 구입하신 곳에서 교환해 드립니다.
· 신저작권법에 의해 보호를 받는 저작물이므로 무단전재와 무단복제를 금합니다.